하루하루 한국을 빛낸 100명의 위인들
한국사 퀴즈

우리 역사와 인물 지식, 어휘와 사자성어까지 퀴즈로!

[그림으로 연상하기]

귀여운 그림과 생생한 대사로
힌트를 드립니다.
위인의 생애 중 핵심 장면을
참조하여 풀어 보세요.
주요 사건과 업적이
자연스럽게 떠오를 거예요.

[노래로 기억하기]

'아름다운 이 땅에 금수강산에'
100명의 위인을 노래했다면,
무슨 일을 어떻게 겪었고,
왜 칭송받는지도 노래로
기억해 보세요.
나도 모르게 역사 지식이
흥얼흥얼 입에 붙을 거예요.

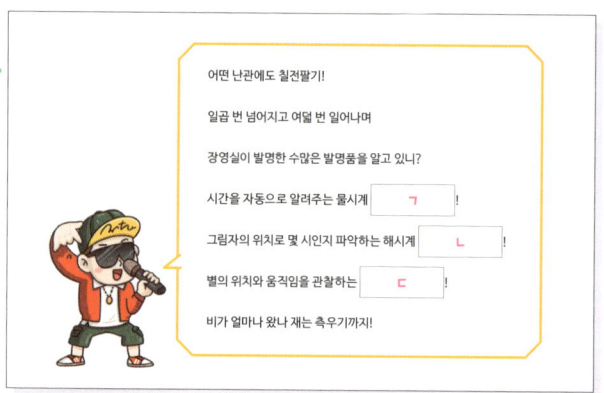

[옛사람에게 공감하기]

상대 입장이 되어 보려 노력하면
이해하고 소통할 수 있습니다.
역사 속 인물과도 마찬가지예요.
옛사람의 마음에 공감하며
글을 완성해 보세요.
위인의 태도와 마음가짐까지
새겨질 거예요.

하루하루 한국을 빛낸 100명의 위인들
✦ 한국사 퀴즈 ✦

'한국사능력검정시험'의 문제 유형 반영으로 급수 취득 목표까지!

[위인과 인터뷰하기]

역사는 과거와 현재의 대화라고 합니다.
21세기 어린이 기자의 눈으로 위인들과 인터뷰를 주고받아 보세요.
인물의 삶이 한층 더 생생하게 다가올 거예요.

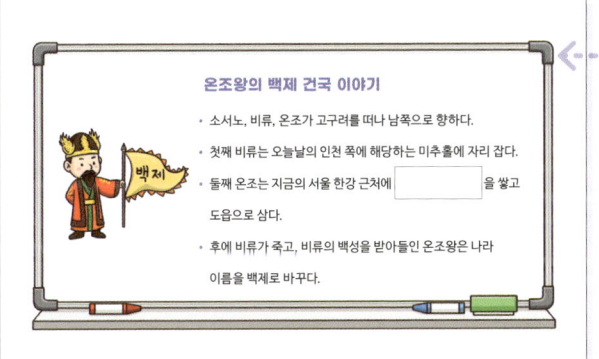

[우리 역사 발표하기]

배운 지식을 소화해 가르쳐 보는 것은 효과적인 학습 활동입니다.
친구들 앞에서 발표할 역사 속 위인 자료를 완성해 보세요.
어느새 머릿속에 일목요연하게 정리되어 있을 거예요.

[본문 영상]

「하루하루 한국을 빛낸 100명의 위인들」의 첫 번째 위인 '단군' 편을 참조하세요.

QR 코드를 스캔하면 「하루하루 한국을 빛낸 100명의 위인들」의 위인별 삶과 업적 이야기를 영상으로 만날 수 있어요.
자세한 인물 이야기와 역사적 맥락까지 내 것으로 챙기세요.

[정답 및 해설]

p. 26
15 ④ 신라로 돌아온 **장보고**는 청해진을 설치해 해적을 소탕하고, 중계 무역으로 많은 이득을 얻었습니다.

p. 27
16 ② **대조영**은 옛 고구려 땅에 발해라는 나라를 세웠습니다.

p. 33
22 ④ **정중부**와 무신들은 정변을 일으켰고, 무신들이 권력을 잡아 무단 정치 시대가 이어졌습니다.

p. 34
23 ② **최무선**은 우리나라 최초의 화약과 화포를 만든 발명가이자 장군입니다.

퀴즈의 답이 맞는지 점검하고, 잘 몰랐거나 알쏭달쏭한 문제는 해설을 살펴보세요.

차례

1절 · 한국사 퀴즈

아름다운 이 땅에 금수강산에, 홍익인간 뜻으로 나라 세운 **단군**	10
대대손손 훌륭한 인물 중 고구려 세운 **동명왕**	11
고구려를 떠나 백제를 세운 **온조왕**	12
알에서 나온 신라의 첫 번째 왕 **박혁거세**	13
우리 역사에서 가장 넓은 영토를 차지하며 만주 벌판을 누빈 **광개토 대왕**	14
신라를 발전시킨 정치가이자, 꾀를 내어 우산국을 정벌한 장군 **이사부**	15
방아 타령을 연주하며 마음으로 가족을 위로한 **백결**	16
백제를 해상 무역 강국으로 이끈 **근초고왕**	17
황산벌에서 죽을힘을 다해 백제를 지킨 **계백**	18
죽음으로써 신라군의 사기를 높인 화랑 **관창**	19

2절 · 한국사 퀴즈

신라의 삼국 통일에 큰 공을 세운 **김유신**	22
삼국을 통일하고 지금도 동해에서 우리나라를 지키고 있는 **문무왕**	23
깨달음은 마음에 달렸다 **원효 대사**	24
왕오천축국전을 집필한 **혜초**	25
해적을 소탕한 장군이자 중계 무역으로 큰 성과를 거둔 **장보고**	26
고구려의 후손으로 발해를 세운 **대조영**	27
후삼국을 통일하고 고려를 세운 **태조 왕건**	28
고려의 기틀을 마련하고 안정시킨 **광종**	29
흥화진 전투와 귀주대첩 승리로 거란을 물리친 **강감찬**	30
싸우지 않고 이긴 외교 전략가 **서희**	31
거란에 맞서 고려를 지킨 **양규**	32
정변을 일으켜 무단 정치 시대를 열었던 **정중부**	33
우리나라 최초의 화약을 만든 **최무선**	34
몽골에 맞서 삼별초 항쟁을 주도한 **배중손**	35

수많은 저서에 우리 역사의 자취와 민족의 자부심을 남긴 **이규보**	36
고려의 뛰어난 시인 **정지상**	37
노예 해방 운동으로 평등한 세상을 꿈꾼 **만적**	38
우리나라에서 가장 오래된 역사책 삼국사기를 편찬한 **김부식**	39
조계종을 일으킨 보조 국사 **지눌**	40
우리나라에 처음으로 천태종을 연 대각 국사 **의천**	41
왜구를 격퇴하고 대마도를 정벌한 **이종무**	42
일편단심 목숨 바친 고려의 충신 **정몽주**	43
우리 백성들이 따뜻한 솜옷을 입을 수 있게 한 **문익점**	44
교육의 중요성을 깨닫고 수많은 인재를 길러 낸 해동공자 **최충**	45
고조선부터 삼국 시대의 역사와 다양한 문화를 남긴 **일연**	46

3절 ✦ 한국사 퀴즈 ✦

황금 보기를 돌같이 한 **최영**	50
어질고 청렴한 관리 **황희 정승**	51
대쪽보다 곧은 청백리 **맹사성**	52
조선 최고의 과학자이자 발명가 **장영실**	53
조선의 기틀을 세운 일등 공신 **정도전**	54
제주 백성을 흉년에서 구한 큰 상인이자 기부왕 **김만덕**	55
나라의 앞날을 대비한 학자 **이율곡**	56
성리학을 연구하고 더욱 발전시킨 **이퇴계**	57
글과 그림에 능한 예술가 **신사임당**	58
나라 지키는 것밖에 몰랐던 홍의 장군 **곽재우**	59
왜군을 막아 내기 위해 목숨을 바친 의병장 **조헌**	60
곽재우와 함께 끝까지 싸운 무신 **김시민**	61
왜군을 전멸시킨 위대한 장군 충무공 **이순신**	62
새 나라 조선을 세운 **태조**	63
조선 창건을 이끌고 상왕으로 물러난 **정종**	64

왕자의 난을 정리하고 세종 통치의 토대를 닦은 **태종**	65
우리말 우리글을 창제한 **세종 대왕**	66
너무 빨리 승하하여 안타까운 **문종**	67
유배지에서 생을 마감한 **단종**	68
무력으로 왕위에 오른 **세조**	69
단종의 복위를 꾀하다 발각되어 죽은 사육신 **성삼문**	70
단종의 복위를 꾀하다 발각되어 죽은 사육신 **박팽년**	71
단종의 복위를 꾀하다 발각되어 죽은 사육신 **이개**	72
단종의 복위를 꾀하다 발각되어 죽은 사육신 **하위지**	73
단종의 복위를 꾀하다 발각되어 죽은 사육신 **유성원**	74
단종의 복위를 꾀하다 발각되어 죽은 사육신 **유응부**	75
단종에 대한 절개와 의리로 한평생 벼슬하지 않은 생육신 **김시습**	76
단종에 대한 절개와 의리로 한평생 벼슬하지 않은 생육신 **원호**	77
단종에 대한 절개와 의리로 한평생 벼슬하지 않은 생육신 **이맹전**	78
단종에 대한 절개와 의리로 한평생 벼슬하지 않은 생육신 **조려**	79
단종에 대한 절개와 의리로 한평생 벼슬하지 않은 생육신 **성담수**	80
단종에 대한 절개와 의리로 한평생 벼슬하지 않은 생육신 **남효온**	81
왜장을 붙들고 강물로 투신하여 순국한 의로운 여성 **논개**	82
임진왜란 7년간 군대를 지휘하며 행주 대첩에서 승리한 **권율**	83

4절 한국사 퀴즈

현실에 안주하지 않고 진보적 사상을 펼친 실학자 **박지원**	86
의적이 되어 반란을 일으킨 **임꺽정**	87
청나라와 화의를 끝까지 반대하다 처형당한 삼학사 **홍익한**	88
청나라와 화의를 끝까지 반대하다 처형당한 삼학사 **윤집**	89
청나라와 화의를 끝까지 반대하다 처형당한 삼학사 **오달제**	90
탐관오리를 벌하고 백성을 위한 조치를 취한 어사 **박문수**	91
우리나라를 대표하는 명필 서예가 **한석봉**	92

하루하루 한국을 빛낸 100명의 위인들
한국사 퀴즈

사람들의 생활을 실감 나게 그려 낸 풍속화의 대가 **김홍도**	93
삿갓을 쓰고 세상을 떠돌며 풍자시를 쓴 **김삿갓**	94
3대 지도와 지리지를 펴낸 학자 **김정호**	95
당쟁을 타파하고 나라를 안정시키기 위해 노력한 **영조**	96
탕평책을 계승하고 선진 개혁 정책을 펴고자 한 **정조**	97
유배지에서도 실학을 연구하고 저서로 남긴 **정약용**	98
개혁의 큰 뜻을 품고 농민 운동을 펼친 혁명가 **전봉준**	99
우리나라 최초의 천주교 신부 **김대건**	100
자유로운 예술을 꿈꿨던 **황진이**	101
차별에 분노하고 적극적으로 저항한 **홍경래**	102
독립을 위해 목숨 바친 **윤봉길**	103
일제 침략의 원흉을 처단한 **안중근**	104
우리 민족의 독립과 통일을 위해 자신을 바친 **김구**	105

#5절 한국사 퀴즈

하늘을 우러러 한 점 부끄럼이 없이 살고자 했던 **윤동주**	108
우리나라에서 처음으로 종두를 시행한 **지석영**	109
민족 대표의 수장이자 3·1 운동을 주도한 **손병희**	110
18세에 옥중에서 순국한 독립운동가 **유관순**	111
신민회와 대성 학교, 흥사단 등을 세워 민족의 실력을 높이고자 한 **안창호**	112
어린이날을 만든 **방정환**	113
승려 출신의 독립운동가이자 민족시인 **한용운**	114
보따리 싸 들고 다니며 우리말을 연구하고 가르친 **주시경**	115
누구도 따라 할 수 없는 파격적인 시인 **이상**	116
시련 속에서도 따뜻한 마음을 그린 천재 화가 **이중섭**	117
우리나라 최초의 가톨릭 추기경 **김수환**	118

정답과 해설   120

#1절 ✦한국사 퀴즈✦

단군　　　동명왕　　　온조왕　　　박혁거세　　　광개토 대왕

| 이사부 | 백결 | 근초고왕 | 계백 | 관창 |

첫 번째 한국사 퀴즈

 아름다운 이 땅에 금수강산에, 홍익인간 뜻으로 나라 세운 **단군**

다음은 단군의 어머니 웅녀와의 가상 인터뷰입니다. 빈칸에 들어갈 웅녀의 답변으로 옳은 내용을 고르세요.

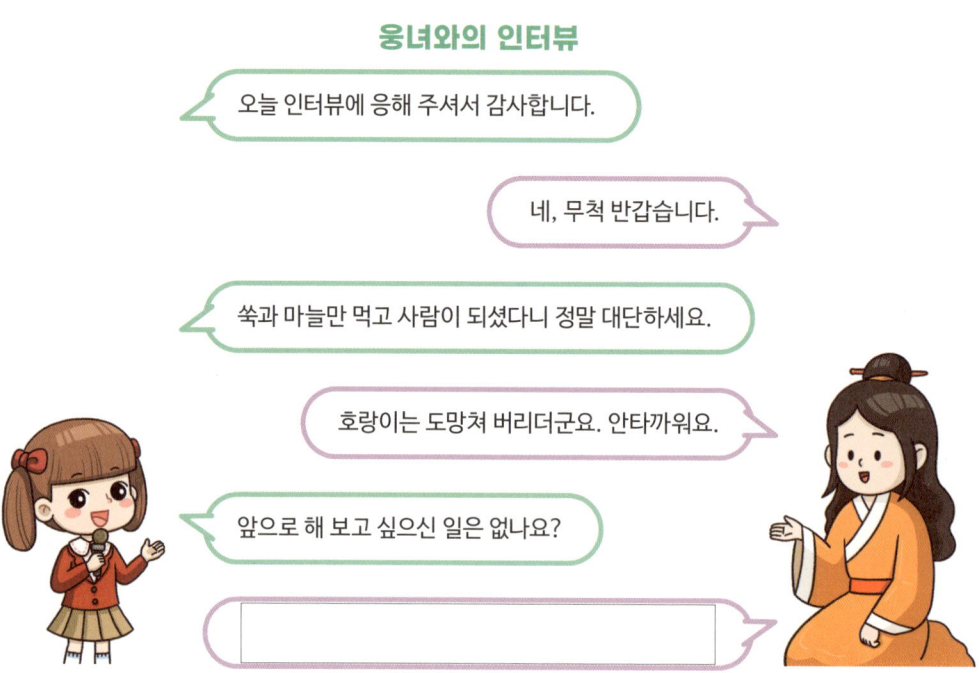

① 곰으로 살 때가 나았어요. 다시 곰으로 돌아갈 방법을 연구 중이에요.

② 도망친 호랑이를 찾아가 다시 도전해 보라고 설득할 생각이에요.

③ 환웅과 결혼해서 아이를 낳고, 그 아이가 나라를 세우도록 가르칠 거예요.

④ 환웅과는 뜻이 맞지 않아요. 태백산 아래를 탈출해 더 좋은 곳으로 떠나려고요.

「하루하루 한국을 빛낸 100명의 위인들」의 첫 번째 위인 '단군' 편을 참조하세요.

정답 p. 120

두 번째 한국사 퀴즈

퀴즈! 대대손손 훌륭한 인물 중
고구려 세운 **동명왕**

오늘은 고구려를 세운 동명왕에 대해 마인드맵을 그려 보았습니다. 마인드맵을 완성하기 위해 빈칸에 들어갈 내용으로 알맞은 것을 고르세요.

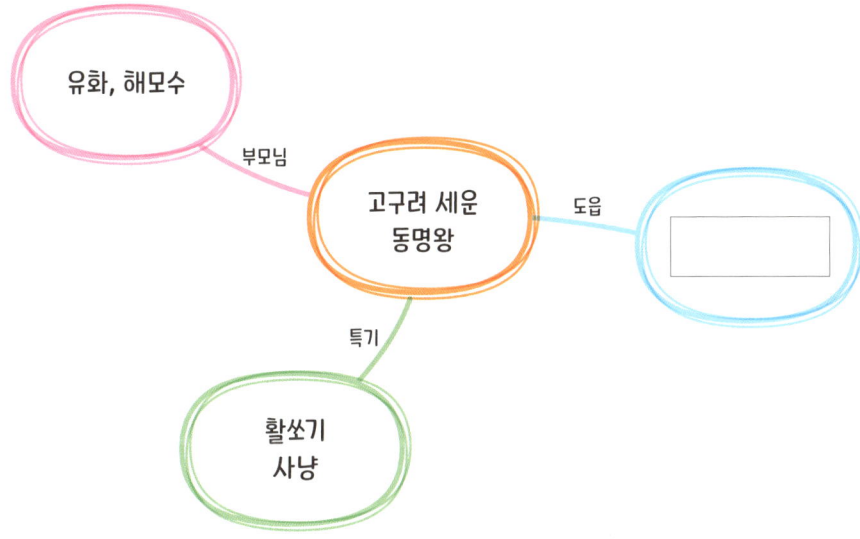

① 아사달
② 졸본
③ 서라벌
④ 위례성

세 번째 한국사 퀴즈

고구려를 떠나 백제를 세운
온조왕

아래는 한국사 발표를 위해 준비한 자료입니다. 빈칸에 들어갈 내용으로 알맞은 것을 고르세요.

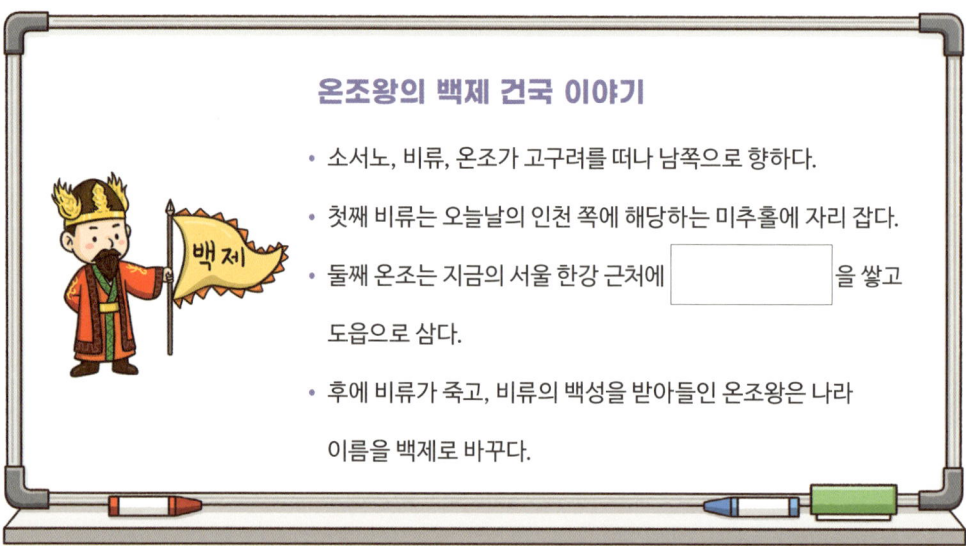

온조왕의 백제 건국 이야기

- 소서노, 비류, 온조가 고구려를 떠나 남쪽으로 향하다.
- 첫째 비류는 오늘날의 인천 쪽에 해당하는 미추홀에 자리 잡다.
- 둘째 온조는 지금의 서울 한강 근처에 _____ 을 쌓고 도읍으로 삼다.
- 후에 비류가 죽고, 비류의 백성을 받아들인 온조왕은 나라 이름을 백제로 바꾸다.

① 천리장성
② 남한산성
③ 사비성
④ 위례성

네 번째 한국사 퀴즈

  알에서 나온 신라의 첫 번째 왕
박혁거세

다음은 '쇼미더역사'에 출전한 래퍼의 곡 '박혁거세의 탄생'입니다. 가사의 ㄱ~ㄷ에 들어갈 내용으로 알맞게 짝지어진 것을 고르세요.

> 너희들 신라 누가 세웠는지 알아?
>
> [ㄱ] (이)가 자줏빛 알에서 태어난 것도 알아?
>
> 그때가 마한 진한 변한 [ㄴ] 시대였다는 것도 알아?
>
> 그럼 신라를 세운 사람의 이름이 무슨 뜻인지도 알아?
>
> 바로바로 [ㄷ] 는 뜻! 이! 지!
>
> 정답을 맞힌 넌 바로 한국사의 달인!

① ㄱ 박혁거세   ㄴ 삼한   ㄷ 세상을 밝게 다스리라
② ㄱ 박혁거세   ㄴ 신라   ㄷ 황금 보기를 돌같이 하라
③ ㄱ 온조왕   ㄴ 삼국   ㄷ 나의 죽음을 적에게 알리지 말라
④ ㄱ 동명왕   ㄴ 삼한   ㄷ 널리 인간을 이롭게 하라

「하루하루 한국을 빛낸 100명의 위인들」의 네 번째 위인 '박혁거세' 편을 참조하세요.   p. 120

다섯 번째 한국사 퀴즈

 **퀴즈!** 우리 역사에서 가장 넓은 영토를 차지하며 만주 벌판을 누빈 **광개토 대왕**

오늘은 광개토 대왕에 대해 마인드맵을 그려 보았습니다. 마인드맵을 완성하기 위해 빈칸에 들어갈 내용으로 알맞은 것을 고르세요.

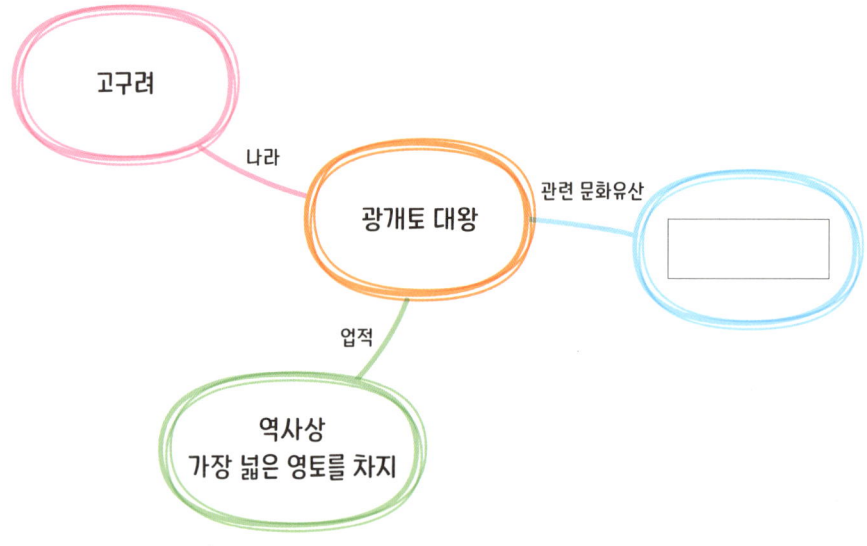

① 진흥왕 순수비

② 광개토 대왕릉비

③ 척화비

④ 단양 신라 적성비

정답 p. 120

「하루하루 한국을 빛낸 100명의 위인들」의 다섯 번째 위인 '광개토 대왕' 편을 참조하세요.

여섯 번째 한국사 퀴즈

퀴즈! 신라를 발전시킨 정치가이자,
꾀를 내어 우산국을 정벌한 장군 **이사부**

다음은 이사부 장군과의 가상 인터뷰입니다. 빈칸에 들어갈 이사부의 답변으로 옳은 내용을 고르세요.

이사부와의 인터뷰

- 21세기 초등학생 기자입니다.
- 네, 지금 막 우산국을 정벌하고 돌아왔습니다.
- 특별한 아이디어로 승부를 보셨다고 들었습니다.
- _____
- 정말 대단하시네요!

① 거북 모양의 철갑선을 만들어 적의 군사들을 무찔렀지요.
② 나무를 깎아 사자 모양으로 만들어 배에 세워 놓고 겁을 주었답니다.
③ 강물을 막았다가 터뜨리니 우산국 병사들이 모두 떠내려가더군요.
④ 우산국의 왕을 찾아가 외교를 통해 협상했습니다.

「하루하루 한국을 빛낸 100명의 위인들」의 여섯 번째 위인 '이사부' 편을 참조하세요.

정답 p. 120

일곱 번째 한국사 퀴즈

 **퀴즈!** 방아 타령을 연주하며
마음으로 가족을 위로한 **백결**

아래 일화에 등장하는 음악가는 어떤 소리를 흉내 내어 거문고를 연주하고 있나요?

① 마늘 빻는 소리
② 깨 볶는 소리
③ 방아 찧는 소리
④ 찌개 끓는 소리

「하루하루 한국을 빛낸 100명의 위인들」의 일곱 번째 위인 '**백결**' 편을 참조하세요.   **정답** p. 120

여덟 번째 한국사 퀴즈

퀴즈! 백제를 해상 무역 강국으로 이끈
근초고왕

다음은 한국사 발표를 위해 준비한 자료입니다. 빈칸에 들어갈 문화유산으로 알맞은 것은 무엇인가요?

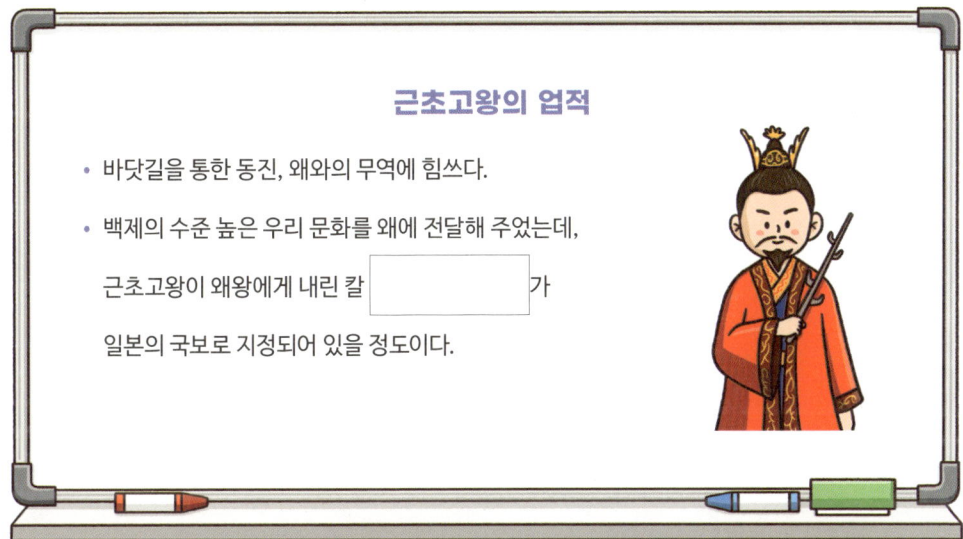

근초고왕의 업적

- 바닷길을 통한 동진, 왜와의 무역에 힘쓰다.
- 백제의 수준 높은 우리 문화를 왜에 전달해 주었는데, 근초고왕이 왜왕에게 내린 칼 ☐☐☐ 가 일본의 국보로 지정되어 있을 정도이다.

① 인왕제색도
② 대동여지도
③ 몽유도원도
④ 칠지도

「하루하루 한국을 빛낸 100명의 위인들」의 여덟 번째 위인 '**근초고왕**' 편을 참조하세요.

정답 p. 120

아홉 번째 한국사 퀴즈

퀴즈! 황산벌에서 죽을힘을 다해
백제를 지킨 **계백**

다음은 백제 의자왕 때 살던 한 선비의 가상 일기입니다. 일기에 등장한 장군에 대한 설명으로 <u>틀린</u> 것을 고르세요.

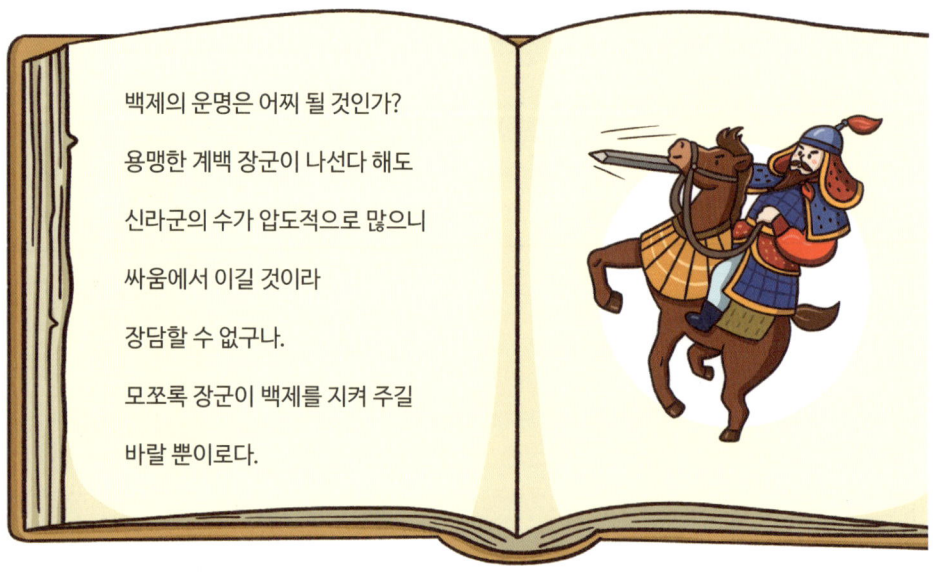

백제의 운명은 어찌 될 것인가?
용맹한 계백 장군이 나선다 해도
신라군의 수가 압도적으로 많으니
싸움에서 이길 것이라
장담할 수 없구나.
모쪼록 장군이 백제를 지켜 주길
바랄 뿐이로다.

① 전투에 나서기 전, 가족들의 목을 베었어요.
② 황산벌 전투에서 네 번의 승리를 거두었어요.
③ 반란을 일으켜 나랏일을 게을리하는 왕을 끌어내렸어요.
④ 전쟁터에서 목숨을 잃었어요.

「하루하루 한국을 빛낸 100명의 위인들」의 아홉 번째 위인 '**계백**' 편을 참조하세요.

정답 p. 120

열 번째 한국사 퀴즈

퀴즈! 죽음으로써 신라군의 사기를 높인
화랑 **관창**

오늘은 화랑에 대해 마인드맵을 그려 보았습니다. 마인드맵을 완성하기 위해 빈칸에 들어갈 수 <u>없는</u> 인물은 누구인가요?

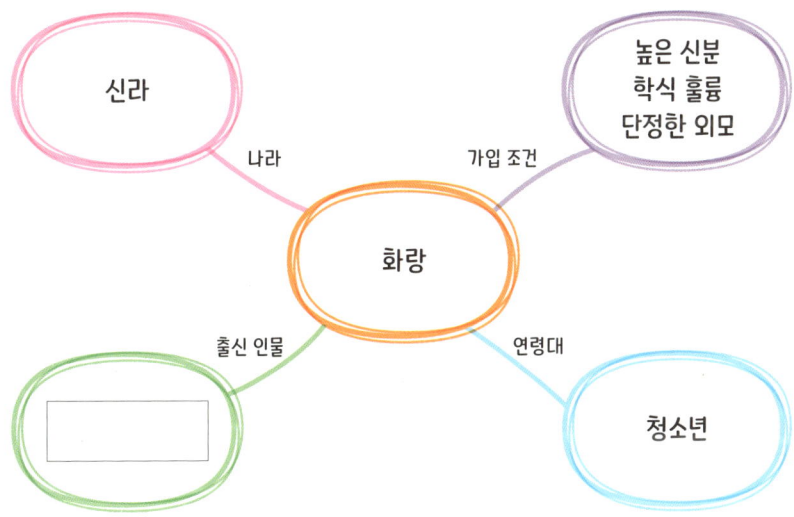

① 김유신
② 관창
③ 계백
④ 김춘추

 「하루하루 한국을 빛낸 100명의 위인들」의 열 번째 위인 '관창' 편을 참조하세요.

#2절 한국사 퀴즈

 김유신
 문무왕
 원효 대사
 혜초
 장보고

 양규
 정중부
 최무선
 배중손
 이규보

| 대조영 | 태조 왕건 | 광종 | 강감찬 | 서희 |

| 정지상 | 만적 | 김부식 | 지눌 | 의천 |

| 이종무 | 정몽주 | 문익점 | 최충 | 일연 |

열한 번째 한국사 퀴즈

  신라의 삼국 통일에 큰 공을 세운
김유신

다음은 '쇼미더역사'에 출전한 래퍼의 곡 '김유신의 삼국 통일'입니다. 가사의 ㄱ~ㄷ에 들어갈 내용으로 옳게 짝지어진 것을 고르세요.

| ㄱ | 출신 한계에도 포기는 없지! |
| ㄴ | 의 지도자로 장수가 되어 가는 곳마다 승리! |

고구려 백제 신라 ㄷ 통일을 이끈 장군은 누구?

정답을 맞힌 넌 바로 한국사의 달인!

① ㄱ 백제   ㄴ 미추홀   ㄷ 삼국
② ㄱ 신라   ㄴ 화랑   ㄷ 후삼국
③ ㄱ 신라   ㄴ 서라벌   ㄷ 삼국
④ ㄱ 가야   ㄴ 화랑   ㄷ 삼국

  「하루하루 한국을 빛낸 100명의 위인들」의 열한 번째 위인 '김유신' 편을 참조하세요.   정답 p. 120

열두 번째 한국사 퀴즈

  삼국을 통일하고 지금도 동해에서 우리나라를 지키고 있는 **문무왕**

아래 등장한 왕에 대한 설명으로 <u>틀린</u> 것을 고르세요.

죽어서도 용이 되어 동해에서 나라를 지킬 것이다!

① 신라의 제30대 왕이에요.

② 백제와의 전투에서 전사했어요.

③ 태종 무열왕 김춘추의 맏아들로 태어났어요.

④ 경주 바다의 문무 대왕릉이 문무왕의 수중 왕릉이에요.

 「하루하루 한국을 빛낸 100명의 위인들」의 열두 번째 위인 '**문무왕**' 편을 참조하세요.   정답 p. 120

열세 번째 한국사 퀴즈

퀴즈! 깨달음은 마음에 달렸다
원효 대사

다음은 원효 대사와의 가상 인터뷰입니다. 원효 대사의 답변 중 빈칸에 들어갈 내용으로 알맞은 것을 고르세요.

원효 대사와의 인터뷰

- 해골물 드시고 많이 놀라셨죠?
- 네, 그런데 더 충격적인 사실은 따로 있어요.
- 무엇 때문에 더 놀라셨나요?
- 전날 밤에는 그 물을 잘 마시고, 꿀잠까지 잤다는 사실이죠.
- 몰랐을 땐 아무렇지 않으셨던 거네요.
- 그러니 모든 게 _____ 에 달렸다는 거죠.

① 의지
② 노력
③ 마음먹기
④ 인내심

「하루하루 한국을 빛낸 100명의 위인들」의 열세 번째 위인 '**원효 대사**' 편을 참조하세요.

정답 p. 120

열네 번째 한국사 퀴즈

퀴즈! 왕오천축국전을 집필한
혜초

아래는 한국사 발표를 위해 준비한 자료입니다. 준비한 내용 중 틀린 것이 있습니다. 어떻게 고쳐야 할지 바르게 알려 준 친구는 누구인가요?

혜초의 생애와 업적

- 신라 성덕왕 때 태어나다.
- 어린 시절부터 총명함을 뽐냈고, 주위의 권유로 스님이 되다.
- 부처님이 태어난 인도와 그 주위 나라들을 두루 여행하다.
- 여러 나라의 언어, 날씨, 풍습, 생활, 제도 등을 생생하게 기록하여 「왕오천축국전」으로 남기다.

① **세미**: 혜초는 신라 성덕왕 때가 아니라, 경순왕 때 태어났어.

② **이솔**: 혜초의 어린 시절이나 어떻게 스님이 되었는지는 알려져 있지 않아.

③ **유진**: 혜초는 유럽과 미국, 아프리카까지 전 세계를 여행했어.

④ **재나**: 「왕오천축국전」은 실물로 발견된 책이 아니야. 그런 책이 있다는 기록만 전해질 뿐이지.

「하루하루 한국을 빛낸 100명의 위인들」의 열네 번째 위인 '혜초' 편을 참조하세요.

정답 p. 120

열다섯 번째 한국사 퀴즈

퀴즈! 해적을 소탕한 장군이자 중계 무역으로 큰 성과를 거둔 **장보고**

오늘은 장보고에 대해 마인드맵을 그려 보았습니다. 마인드맵을 완성하기 위해 빈칸에 들어갈 내용으로 알맞지 <u>않은</u> 것을 고르세요.

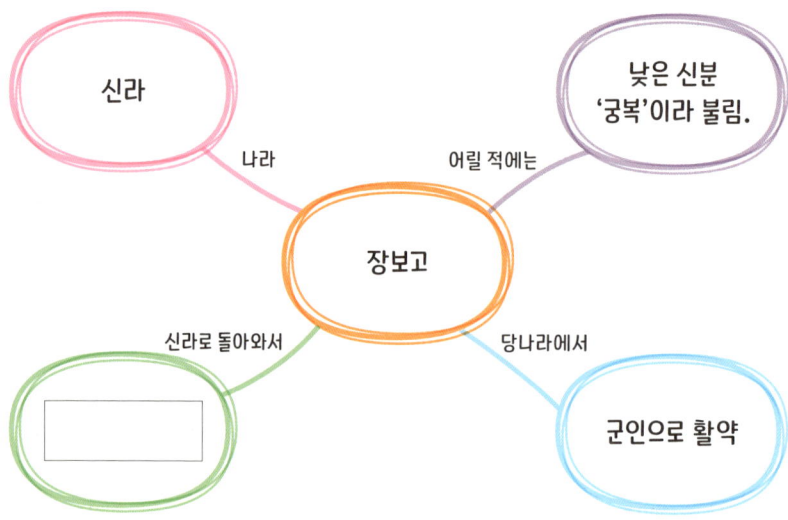

① 청해진을 설치했어요.
② 해적을 무찔렀어요.
③ 중계 무역으로 많은 이득을 얻었어요.
④ 신분의 한계에 실망하고 은둔했어요.

「하루하루 한국을 빛낸 100명의 위인들」의 열다섯 번째 위인 '장보고' 편을 참조하세요. **정답** p. 121

열여섯 번째 한국사 퀴즈

퀴즈! 고구려의 후손으로 발해를 세운
대조영

아래 등장한 왕에 대한 설명으로 옳은 것을 고르세요.

① 당나라와 연합해 발해를 다스렸어요.
② 옛 고구려 땅에 발해라는 나라를 세웠어요.
③ 신라 유민 출신이었어요.
④ 백제의 왕족 출신이었어요.

「하루하루 한국을 빛낸 100명의 위인들」의 열여섯 번째 위인 '**대조영**' 편을 참조하세요.

정답 p. 121

열일곱 번째 한국사 퀴즈

퀴즈! 후삼국을 통일하고 고려를 세운
태조 왕건

아래는 한국사 발표를 위해 준비한 자료입니다. 빈칸에 들어갈 내용으로 알맞지 <u>않은</u> 것을 고르세요.

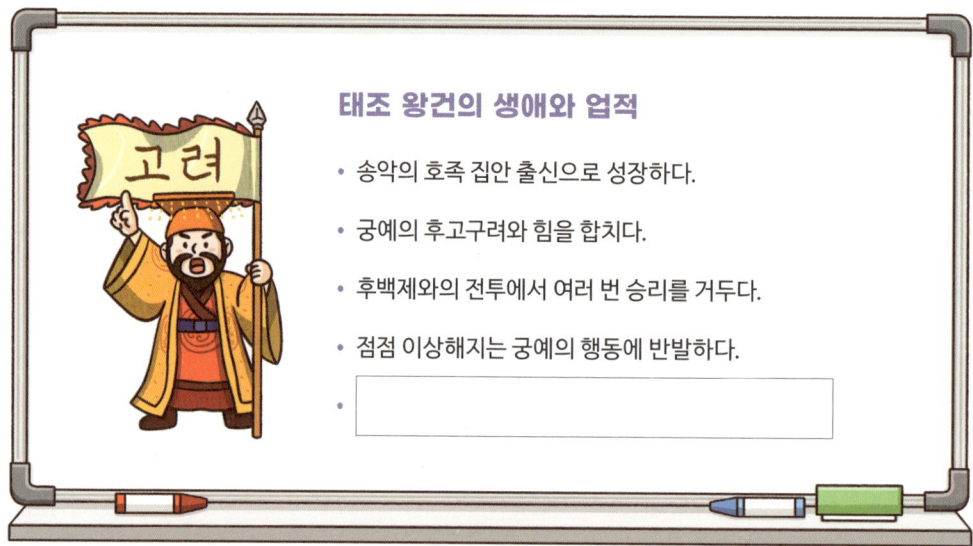

태조 왕건의 생애와 업적
- 송악의 호족 집안 출신으로 성장하다.
- 궁예의 후고구려와 힘을 합치다.
- 후백제와의 전투에서 여러 번 승리를 거두다.
- 점점 이상해지는 궁예의 행동에 반발하다.
-

① 왕건과 부하들이 궁예를 몰아내다.
② 신라의 호족들과 힘을 합쳐 후백제를 정복하다.
③ 신라 마지막 경순왕의 항복을 받아 후삼국의 통일을 이루다.
④ 궁예와 화해하고 뜻을 모아 고려를 세우다.

「하루하루 한국을 빛낸 100명의 위인들」의 열일곱 번째 위인 '**태조 왕건**' 편을 참조하세요.

정답 p. 121

열여덟 번째 한국사 퀴즈

  고려의 기틀을 마련하고 안정시킨
광종

다음은 광종이 왕위에 오르기 전에 쓴 가상 일기입니다. 즉위 후 광종이 자신의 다짐을 시행에 옮긴 바가 <u>아닌</u> 것을 고르세요.

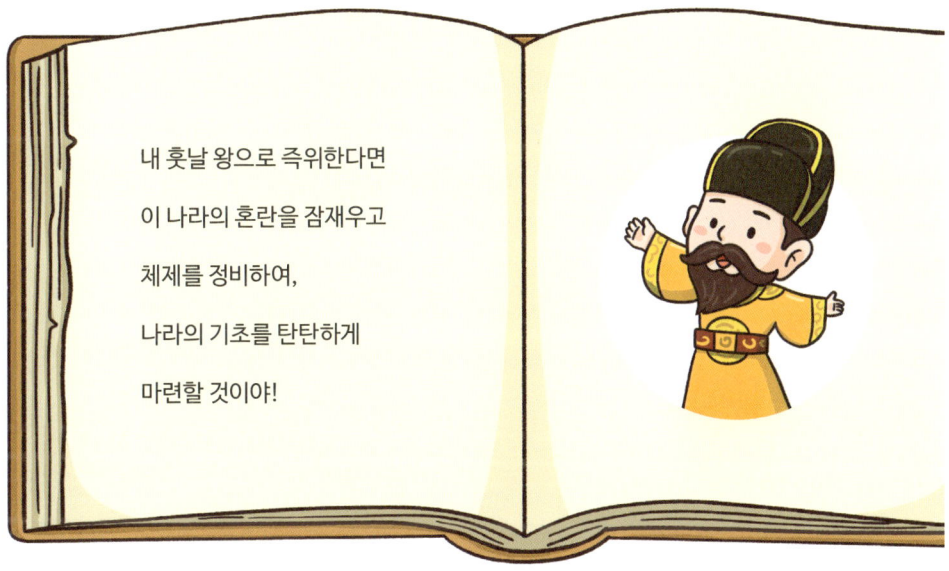

내 훗날 왕으로 즉위한다면
이 나라의 혼란을 잠재우고
체제를 정비하여,
나라의 기초를 탄탄하게
마련할 것이야!

① 노비안검법을 실시하여 억울하게 노비가 된 사람들을 중간 신분으로 복귀시켰어요.
② 외교는 접어 두고 내부 혼란을 수습하는 데 힘썼어요.
③ 아버지 태조의 뜻을 받아 북진 정책을 계승했어요.
④ 전문 지식과 실력을 평가하여 관리를 뽑는 과거 제도를 시행했어요.

「하루하루 한국을 빛낸 100명의 위인들」의 열여덟 번째 위인 '광종' 편을 참조하세요.

정답 p. 121

열아홉 번째 한국사 퀴즈

퀴즈! 흥화진 전투와 귀주대첩 승리로
거란을 물리친 **강감찬**

다음은 강감찬 장군과의 가상 인터뷰입니다. 빈칸에 들어갈 강감찬 장군의 답변으로 옳은 내용을 고르세요.

강감찬과의 인터뷰

- 요나라 때문에 고민이 많으시죠?
- 제가 고려군의 대장으로서 어깨가 무겁습니다.
- 어떤 대비 계획을 세우고 계신가요?
- 　
- 대단한 전략이군요! 고려의 승리를 기원합니다.

① 강물을 막았다가 거란군이 들어섰을 때 터뜨려서, 모두 떠내려가게 할 겁니다.

② 거란의 대군에 맞서려면 머릿수가 중요합니다. 우리도 남녀노소 가리지 않고 전투에 동원할 생각입니다.

③ 귀신 모양으로 나무를 깎아 흰옷을 입혀 흔들면 공포에 질려 도망갈 겁니다.

④ 파도가 세고 암초가 많은 바다로 거란군을 몰아넣어 빠뜨리는 작전입니다.

「하루하루 한국을 빛낸 100명의 위인들」의 열아홉 번째 위인 '강감찬' 편을 참조하세요.

정답 p. 121

스무 번째 한국사 퀴즈

퀴즈! 싸우지 않고 이긴 외교 전략가 **서희**

오늘은 서희에 대해 마인드맵을 그려 보았습니다. 마인드맵을 완성하기 위해 빈칸에 들어갈 내용으로 알맞은 것을 고르세요.

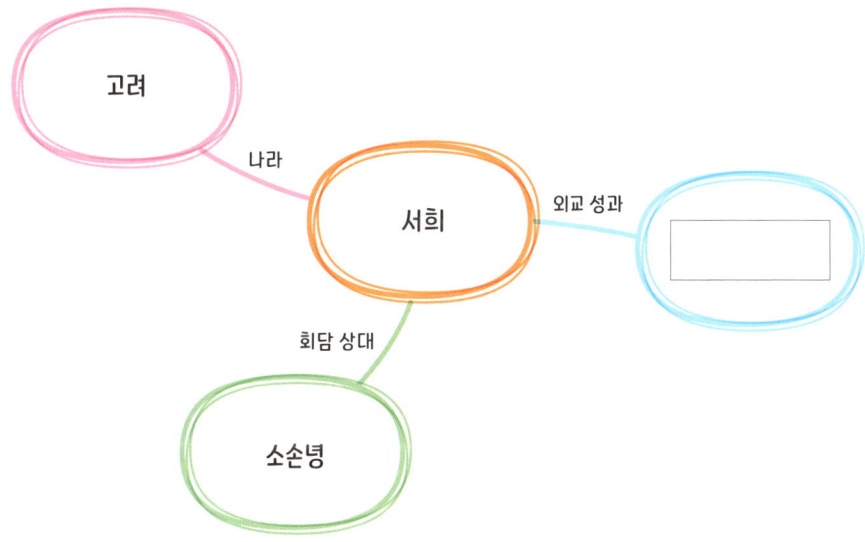

① 거란에 땅을 주고 화해하다.
② 강동 6주를 소손녕에게서 가져오다.
③ 송나라와의 화친을 끊다.
④ 거란과의 전투에서 승리를 거두다.

「하루하루 한국을 빛낸 100명의 위인들」의 스무 번째 위인 '서희' 편을 참조하세요.

스물한 번째 한국사 퀴즈

 **퀴즈!** 거란에 맞서 고려를 지킨
양규

다음은 '쇼미더역사'에 출전한 래퍼의 곡 '양규의 활약'입니다. 가사의 ㄱ~ㄷ에 들어갈 내용으로 알맞게 짝지어진 것을 고르세요.

> ㄱ 전기에 거란에 맞서 활약한 양규를 소개할게!
>
> ㄴ 에서 포위됐지만 사! 생! 결! 단!
>
> 물러가는 적군도 끝까지 쫓아가 ㄷ 들을 구했지.
>
> 목숨을 걸고 나라를 지킨 수많은 사람들을 기억하자!
>
> 정답을 맞힌 넌 바로 한국사의 달인!

① ㄱ 고려   ㄴ 귀주   ㄷ 포로
② ㄱ 통일 신라 ㄴ 귀주   ㄷ 왕족
③ ㄱ 고려   ㄴ 흥화진   ㄷ 포로
④ ㄱ 고구려   ㄴ 졸본   ㄷ 신하

  「하루하루 한국을 빛낸 100명의 위인들」의 스물한 번째 위인 '양규' 편을 참조하세요. **정답** p. 121

스물두 번째 한국사 퀴즈

퀴즈! 정변을 일으켜 무단 정치 시대를 열었던
정중부

아래 정중부가 벌인 사건에 대한 설명으로 <u>틀린</u> 것을 고르세요.

더 이상은 못 참아!

① 정중부와 무신들이 반란을 일으켜 문신들을 처단했어요.

② 정중부와 무신들은 왕을 먼 곳으로 귀양 보내기까지 했어요.

③ 당시 무신들은 문신에 비해 차별을 당하여 불만이 많았어요.

④ 무신들의 반란은 실패에 그쳐, 도리어 문신들에게 더 큰 보복을 당하게 되었어요.

「하루하루 한국을 빛낸 100명의 위인들」의 스물두 번째 위인 '정중부' 편을 참조하세요.

정답 p. 121

스물세 번째 한국사 퀴즈

퀴즈! 우리나라 최초의 화약을 만든
최무선

아래는 한국사 발표를 위해 준비한 자료입니다. 빈칸에 들어갈 무기로 알맞은 것을 고르세요.

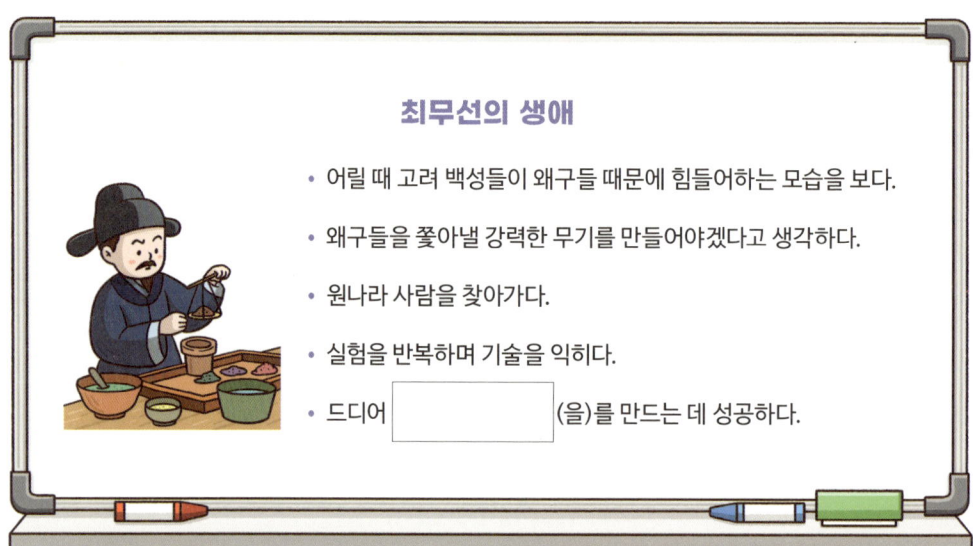

① 총과 칼
② 화약과 화포
③ 공기총
④ 불화살

스물네 번째 한국사 퀴즈

퀴즈! 몽골에 맞서 삼별초 항쟁을 주도한
배중손

다음은 배중손과의 가상 인터뷰입니다. 빈칸에 들어갈 배중손의 답변으로 옳은 내용을 고르세요.

① 군사들과 함께 궁에 쳐들어가 내 뜻을 직접 펼치겠어요.
② 뾰족한 수가 없긴 합니다. 어떻게든 되겠지요?
③ 진도를 기지 삼아 계속 저항을 이어 갈 겁니다.
④ 명령에 따라 수도를 다시 개경으로 복귀해야지요.

「하루하루 한국을 빛낸 100명의 위인들」의 스물네 번째 위인 '**배중손**' 편을 참조하세요.

정답 p. 121

스물다섯 번째 한국사 퀴즈

퀴즈! 수많은 저서에 우리 역사의 자취와 민족의 자부심을 남긴 **이규보**

이규보는 과거에 급제했지만 바로 벼슬길에 오르지 못하고, 산으로 들어가 한동안 책을 쓰며 지냈습니다. 다음 중 이규보가 쓴 책이 <u>아닌</u> 것을 고르세요.

① 「백운거사전」
② 「동명왕편」
③ 「국선생전」
④ 「별주부전」

「하루하루 한국을 빛낸 100명의 위인들」의 스물다섯 번째 위인 '이규보' 편을 참조하세요.

정답 p. 121

스물여섯 번째 한국사 퀴즈

퀴즈! 고려의 뛰어난 시인
정지상

오늘은 정지상에 대해 마인드맵을 그려 보았습니다. 마인드맵을 완성하기 위해 빈칸에 들어갈 내용으로 알맞은 것을 고르세요.

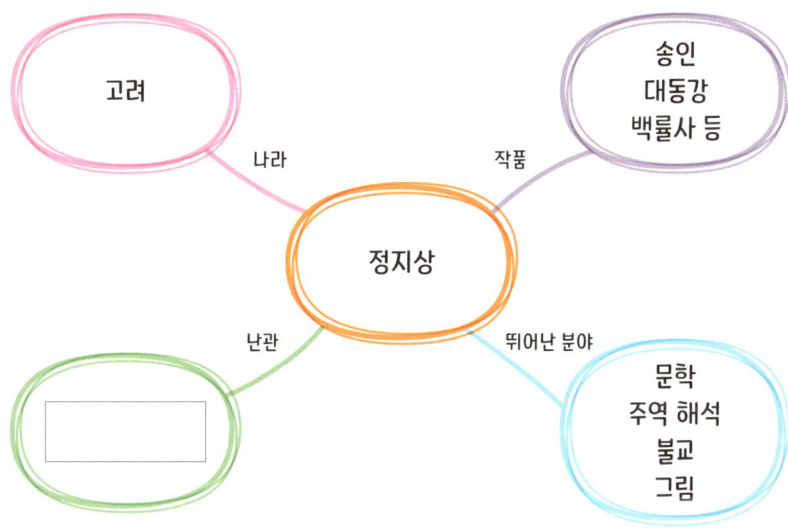

① 김부식과 뜻을 모아 고려의 수도를 옮기다.
② 중국 사신들이 정지상의 시를 비판하다.
③ 수도를 서경으로 옮길 것을 주장했으나 개경 세력에 패하다.
④ 정치에는 뜻이 없어 은둔의 길을 택하다.

  「하루하루 한국을 빛낸 100명의 위인들」의 스물여섯 번째 위인 '정지상' 편을 참조하세요. **정답**  p. 121

스물일곱 번째 한국사 퀴즈

퀴즈! 노예 해방 운동으로
평등한 세상을 꿈꾼 **만적**

다음은 '쇼미더역사'에 출전한 래퍼의 곡 '혁명가 만적'입니다. 가사의 ㄱ~ㄷ에 들어갈 내용으로 알맞게 짝지어진 것을 고르세요.

호의가 계속되면 권리인 줄 알 때?

부당하고 억울할 때? 차별받고 힘들 때?

기억해! ㄱ 시대에도 혁명가가 있었다는 것!

ㄴ (으)로 태어난 만적은 큰 꿈을 꾸었지!

ㄷ 에서 난을 일으켜 세상을 뒤집자 했지!

배신자의 밀고로 수포가 되었지만

잊지 마! 누구나 귀하고 평등하다는 것!

① ㄱ 백제　ㄴ 노비　ㄷ 불국사
② ㄱ 고려　ㄴ 노비　ㄷ 낙산사
③ ㄱ 신라　ㄴ 백정　ㄷ 석굴암
④ ㄱ 고려　ㄴ 노비　ㄷ 흥국사

「하루하루 한국을 빛낸 100명의 위인들」의 스물일곱 번째 위인 '만적' 편을 참조하세요.

정답 p. 121

스물여덟 번째 한국사 퀴즈

퀴즈! 우리나라에서 가장 오래된 역사책 삼국사기를 편찬한 **김부식**

아래는 한국사 발표를 위해 준비한 자료입니다. 빈칸에 들어갈 내용으로 옳은 것을 고르세요.

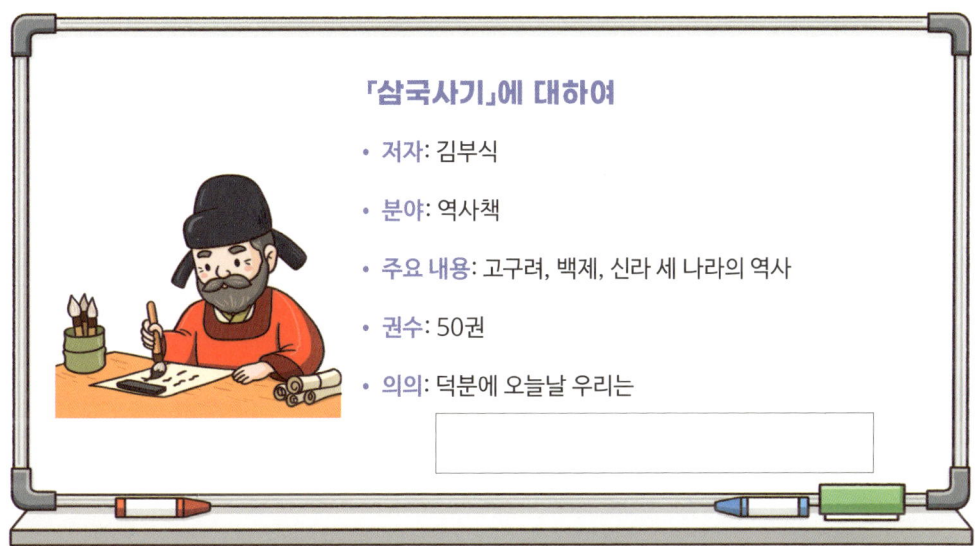

「삼국사기」에 대하여
- 저자: 김부식
- 분야: 역사책
- 주요 내용: 고구려, 백제, 신라 세 나라의 역사
- 권수: 50권
- 의의: 덕분에 오늘날 우리는

① 묘청의 난이 어떻게 진압되었는지 알 수 있다.
② 고구려, 백제, 신라의 역사를 자세하게 알 수 있다.
③ 고려 시대의 역사를 자세히 알 수 있다.
④ 고려의 앞날과 한반도의 미래에 대한 예언을 볼 수 있다.

「하루하루 한국을 빛낸 100명의 위인들」의 스물여덟 번째 위인 '**김부식**' 편을 참조하세요.

정답 p. 121

스물아홉 번째 한국사 퀴즈

퀴즈! 조계종을 일으킨 보조 국사 **지눌**

다음은 지눌 스님과의 가상 인터뷰입니다. ㄱ, ㄴ에 들어갈 내용으로 옳게 짝지어진 것을 고르세요.

지눌 스님과의 인터뷰

- 스님, 인사드리게 되어 반갑습니다.
- 미래의 어린이와 대화를 나누다니 기쁩니다.
- 스님께 영향을 준 분이 계셨다면 알려 주세요.
- 「육조단경」을 지으신 당나라 ㄱ 입니다.
- 교종과 선종의 갈등에 대해서는 어떻게 생각하시나요?
- 선종을 중심으로 ㄴ 을 일으킬 계획입니다.

① ㄱ 원효 대사   ㄴ 천태종
② ㄱ 사명 대사   ㄴ 태고종
③ ㄱ 의천 스님   ㄴ 진각종
④ ㄱ 혜능 스님   ㄴ 조계종

「하루하루 한국을 빛낸 100명의 위인들」의 스물아홉 번째 위인 '지눌' 편을 참조하세요.

정답 p. 122

서른 번째 한국사 퀴즈

퀴즈! 우리나라에 처음으로 천태종을 연
대각 국사 **의천**

다음은 의천 스님이 송나라 유학 중에 쓴 가상 일기입니다. 일기의 빈칸에 들어갈 내용으로 알맞지 <u>않은</u> 것을 고르세요.

어느덧 서른을 훌쩍 넘겼구나.
송나라에 와 보니 보고 듣고 배울 것이
너무나 많고, 여러 사찰의 스님들과
토론하며 넓혀야 할 지식도
무궁무진하다. 이 많은 책들을 가지고
고려로 돌아가면

① 불교의 사상과 교리를 정리할 것이다.
② 그동안 공부만 하느라 힘들었으니 고려의 강산을 유람해도 좋으리.
③ 손에서 불교 서적을 놓지 않은 채 읽고 또 읽으며 체계를 잡을 것이다.
④ 경전을 중시하는 교종을 중심으로 해동 천태종을 창시하리라.

「하루하루 한국을 빛낸 100명의 위인들」의 서른 번째 위인 '의천' 편을 참조하세요.

정답 p. 122

서른한 번째 한국사 퀴즈

퀴즈! 왜구를 격퇴하고 대마도를 정벌한
이종무

이종무가 살던 당시 우리나라 해안에는 왜구들이 몰래 들어와 우리나라 사람들을 괴롭히고, 곡식을 빼앗는 등 못된 짓을 일삼았어요. 이렇듯 배를 타고 다니며 다른 배나 해안 지방을 습격하여 재물을 빼앗는 강도를 무엇이라고 하나요?

네 이놈들!
다시는 이 땅에 침입하지 못하도록 본때를 보여 주마.

① 해적

② 산적

③ 의적

④ 도적

「하루하루 한국을 빛낸 100명의 위인들」의 서른한 번째 위인 '이종무' 편을 참조하세요.

정답 p. 122

서른두 번째 한국사 퀴즈

  일편단심 목숨 바친
고려의 충신 **정몽주**

다음은 고려의 충신 정몽주가 이성계의 아들 이방원에게 지어 보낸 「단심가」입니다. 이 시를 읽은 이방원은 어떻게 했나요?

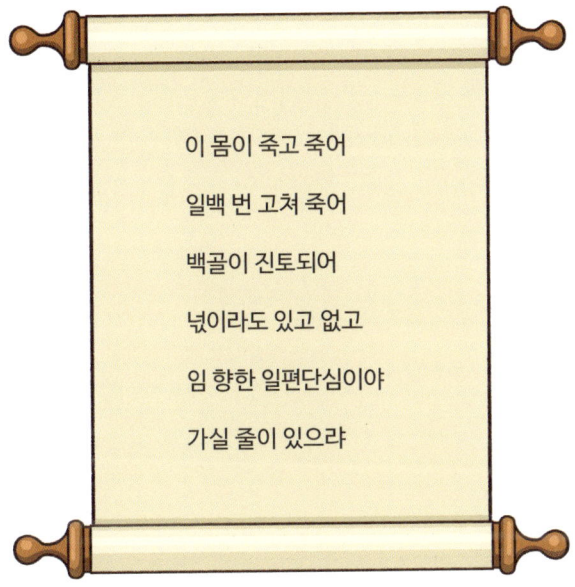

이 몸이 죽고 죽어

일백 번 고쳐 죽어

백골이 진토되어

넋이라도 있고 없고

임 향한 일편단심이야

가실 줄이 있으랴

① 정몽주와 함께 성리학을 연구하기로 마음먹었어요.
② 고려를 향한 일편단심에 감동하고 기뻐했어요.
③ 평생 정몽주를 스승으로 섬겼어요.
④ 부하를 보내 철퇴로 정몽주를 죽였어요.

  「하루하루 한국을 빛낸 100명의 위인들」의 서른두 번째 위인 '**정몽주**' 편을 참조하세요.

서른세 번째 한국사 퀴즈

 **퀴즈!** 우리 백성들이 따뜻한 솜옷을 입을 수 있게 한
문익점

아래는 한국사 발표를 위해 준비한 자료입니다. 빈칸에 들어갈 내용으로 알맞은 것을 고르세요.

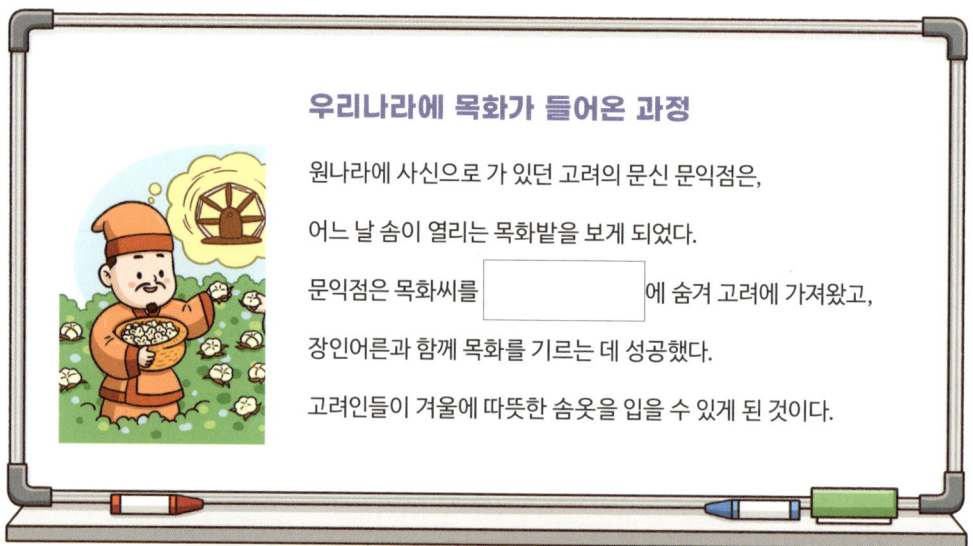

① 주머니 속
② 입 속
③ 붓대 속
④ 모자 속

서른네 번째 한국사 퀴즈

  교육의 중요성을 깨닫고 수많은 인재를 길러 낸 해동공자 **최충**

오늘은 최충에 대해 마인드맵을 그려 보았습니다. 마인드맵을 완성하기 위해 빈칸에 들어갈 내용으로 옳은 것을 고르세요.

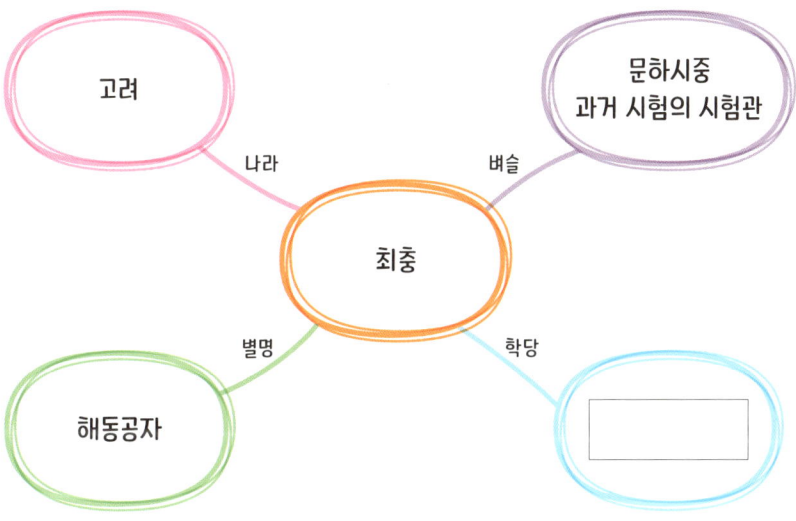

① 배재 학당
② 구재 학당
③ 이화 학당
④ 동서 학당

  「하루하루 한국을 빛낸 100명의 위인들」의 서른네 번째 위인 '**최충**' 편을 참조하세요.

서른다섯 번째 한국사 퀴즈

 **퀴즈!** 고조선부터 삼국 시대의 역사와
다양한 문화를 남긴 **일연**

아래 그림에서 일연 스님이 집필하고 있는 역사책의 이름은 무엇인가요?

① 「삼국사절요」

② 「삼국사기」

③ 「왕오천축국전」

④ 「삼국유사」

 「하루하루 한국을 빛낸 100명의 위인들」의 서른다섯 번째 위인 '**일연**' 편을 참조하세요. 정답 p. 122

우리나라 화폐에 그려진 위인들은 누구일까요?

➔ 신사임당(50,000원 지폐)

조선 시대의 훌륭한 예술가예요. 현명한 어머니의 모습을 보여준 위인으로, 아들 율곡 이이를 훌륭한 학자로 키워냈어요.

➔ 세종 대왕(10,000원 지폐)

조선의 제4대 왕으로, 한글을 만든 분이에요. 한글 덕분에 지금은 우리나라 사람 대부분이 글을 읽고 쓸 수 있게 되었어요.

➔ 율곡 이이(5,000원 지폐)

나라를 위해 '십만 명의 군사를 미리 준비하자'라는 '십만양병설'을 제안한 조선 시대의 정치가이자 학자예요. 어머니가 50,000원권에 그려진 신사임당이에요.

➔ 퇴계 이황(1,000원 지폐)

조선 시대의 대표적인 학자이자 성리학을 발전시킨 인물이에요.

➔ 이순신(100원 동전)

조선 시대에 나라를 지킨 용감한 장군이에요. 임진왜란이 일어났을 때 거북선을 만들어 바다에서 일본군을 물리쳤어요.

* 출처: 한국조폐공사

#3절 한국사 퀴즈

 최영
 황희 정승
 맹사성
 장영실
 정도전

 조헌
 김시민
 이순신
 태조
 정종

 성삼문
 박팽년
 이개
 하위지
 유성원

김만덕	이율곡	이퇴계	신사임당	곽재우
태종	세종 대왕	문종	단종	세조
유응부	김시습	원호	이맹전	조려
성담수	남효온	논개	권율	

서른여섯 번째 한국사 퀴즈

퀴즈! 황금 보기를 돌같이 한
최영

아래 그림에 등장한 장군에 대한 설명으로 <u>틀린</u> 것을 고르세요.

'황금 보기를 돌같이 하라'는 아버지 말씀을 잊지 않으리!

① 무예와 병법에 능하여 무신의 길을 갔어요.
② 위화도에서 회군하여 개경으로 돌아와 권력을 잡았어요.
③ 장군이 죽자 많은 백성들이 안타까워했어요.
④ 전쟁터에서 수많은 공을 세우고, 검소하고 강직하게 생활했어요.

「하루하루 한국을 빛낸 100명의 위인들」의 서른여섯 번째 위인 '**최영**' 편을 참조하세요.

정답 p. 122

서른일곱 번째 한국사 퀴즈

퀴즈! 어질고 청렴한 관리
황희 정승

다음은 황희 정승 댁 여종이 쓴 가상 일기입니다. 여종의 궁금증에 어떻게 답해 주면 좋을까요?

우리 대감마님께서 내 이야기를 들으시고는 내 말이 맞다고 하셨는데, 친구가 말하니 친구의 말 또한 옳다고 하시는 게 아닌가? 우리 지혜로운 대감님께서 왜 그렇게 말씀하셨을까?

① 여종들 다툼까지 대감마님이 해결해 주셔야겠어? 너희 둘이 알아서 화해하길 바라신 거지.

② 한 여종의 말이 옳다면 다른 여종의 말은 틀리다는 옆에 있던 조카의 말은 왜 뺐니?

③ 다툼이 있을 땐 한쪽 말만 듣지 않고 골고루 귀 기울여 판단하셨기 때문이야.

④ 정승이 한가한 줄 아니? 때마침 바쁜 일을 처리하고 계셨겠지.

「하루하루 한국을 빛낸 100명의 위인들」의 서른일곱 번째 위인 '황희 정승' 편을 참조하세요.

정답 p. 122

서른여덟 번째 한국사 퀴즈

퀴즈! 대쪽보다 곧은 청백리 **맹사성**

아래 일화에 등장하는 청백리에 대한 설명으로 <u>틀린</u> 것을 고르세요.

① 돈이나 값나가는 물건에 욕심을 부리지 않는, 곧고 깨끗한 관리였어요.
② 예조 참판, 이조 판서, 우의정 등 높은 관직을 역임했어요.
③ 무예에 뛰어난 무신이었어요.
④ 「태종실록」, 「신찬팔도지리지」, 「강호사시가」를 지었어요.

「하루하루 한국을 빛낸 100명의 위인들」의 서른여덟 번째 위인 '맹사성' 편을 참조하세요.   정답 p. 122

서른아홉 번째 한국사 퀴즈

퀴즈! 조선 최고의 과학자이자 발명가
장영실

다음은 '쇼미더역사'에 출전한 래퍼의 곡 '장영실의 수많은 발명품'입니다. 가사의 ㄱ~ㄷ에 들어갈 내용으로 알맞게 짝지어진 것을 고르세요.

어떤 난관에도 칠전팔기!

일곱 번 넘어지고 여덟 번 일어나며

장영실이 발명한 수많은 발명품을 알고 있니?

시간을 자동으로 알려주는 물시계 ㄱ !

그림자의 위치로 몇 시인지 파악하는 해시계 ㄴ !

별의 위치와 움직임을 관찰하는 ㄷ !

비가 얼마나 왔나 재는 측우기까지!

① ㄱ 자격루   ㄴ 거중기   ㄷ 갑인자
② ㄱ 팔만대장경 ㄴ 갑인자   ㄷ 거중기
③ ㄱ 자격루   ㄴ 앙부일구   ㄷ 혼천의
④ ㄱ 혼천의   ㄴ 앙부일구   ㄷ 자격루

「하루하루 한국을 빛낸 100명의 위인들」의 서른아홉 번째 위인 '**장영실**' 편을 참조하세요.

정답 p. 122

마흔 번째 한국사 퀴즈

퀴즈! 조선의 기틀을 세운 일등 공신 **정도전**

아래는 한국사 발표를 위해 준비한 자료입니다. ㄱ~ㄷ에 들어갈 내용으로 옳게 짝지어진 것을 고르세요.

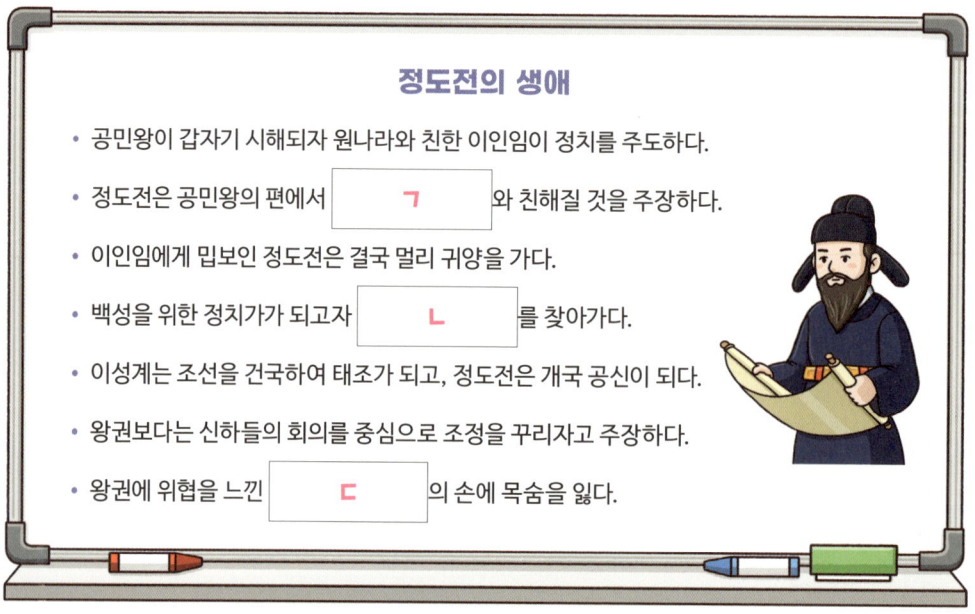

정도전의 생애
- 공민왕이 갑자기 시해되자 원나라와 친한 이인임이 정치를 주도하다.
- 정도전은 공민왕의 편에서 **ㄱ** 와 친해질 것을 주장하다.
- 이인임에게 밉보인 정도전은 결국 멀리 귀양을 가다.
- 백성을 위한 정치가가 되고자 **ㄴ** 를 찾아가다.
- 이성계는 조선을 건국하여 태조가 되고, 정도전은 개국 공신이 되다.
- 왕권보다는 신하들의 회의를 중심으로 조정을 꾸리자고 주장하다.
- 왕권에 위협을 느낀 **ㄷ** 의 손에 목숨을 잃다.

① ㄱ 송나라　ㄴ 황희　ㄷ 이성계
② ㄱ 명나라　ㄴ 이성계　ㄷ 이방원
③ ㄱ 청나라　ㄴ 이성계　ㄷ 이방석
④ ㄱ 원나라　ㄴ 황희　ㄷ 이성계

「하루하루 한국을 빛낸 100명의 위인들」의 마흔 번째 위인 '정도전' 편을 참조하세요.　정답 p. 122

마흔한 번째 한국사 퀴즈

  제주 백성을 흉년에서 구한 큰 상인이자 기부왕
김만덕

오늘은 김만덕에 대해 마인드맵을 그려 보았습니다. 마인드맵을 완성하기 위해 빈칸에 들어갈 내용으로 알맞지 <u>않은</u> 것을 고르세요.

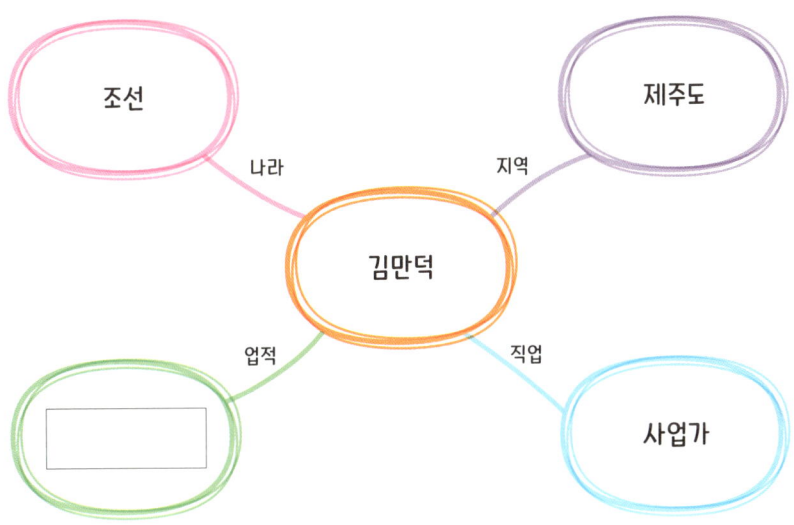

① 물건이 쌀 때 사들이고, 값이 오르면 내다 팔며 이익을 불렸어요.

② 제주의 특산물을 육지 상인들에게 거래하며 큰돈을 벌기도 했어요.

③ 제주에 흉년이 들자 전 재산을 식량으로 바꾸어 제주 사람들에게 나누어 주었어요.

④ 기생의 신분이었지만 선비들과 글, 그림을 주고받으며 교류했어요.

  「하루하루 한국을 빛낸 100명의 위인들」의 마흔한 번째 위인 '김만덕' 편을 참조하세요. p. 122

마흔두 번째 한국사 퀴즈

퀴즈! 나라의 앞날을 대비한 학자 **이율곡**

다음은 이율곡과의 가상 인터뷰입니다. ㄱ~ㄷ에 들어갈 내용으로 알맞게 짝지어진 것을 고르세요.

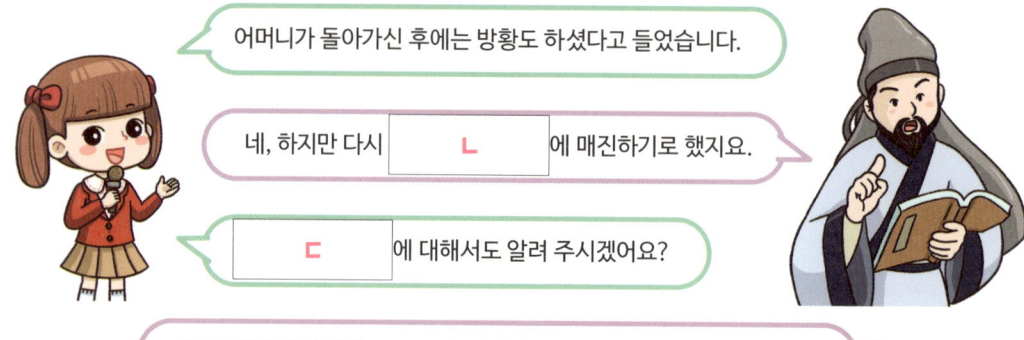

이율곡과의 인터뷰

- 어머님이신 ㄱ 선생님은 어떤 분이셨나요?
- 어머니께선 시를 읊고 그림을 그리는 모습을 통해 저에게 많은 영향을 주셨습니다.
- 어머니가 돌아가신 후에는 방황도 하셨다고 들었습니다.
- 네, 하지만 다시 ㄴ 에 매진하기로 했지요.
- ㄷ 에 대해서도 알려 주시겠어요?
- 외적의 침략에 대비하고자 10만 명의 병사를 기르자고 상소를 올렸지요.

① ㄱ 이원수   ㄴ 불교   ㄷ 오만양병설
② ㄱ 신사임당 ㄴ 성리학   ㄷ 십만양병설
③ ㄱ 허난설헌 ㄴ 양명학   ㄷ 일만양병설
④ ㄱ 신사임당 ㄴ 천주교   ㄷ 삼만양병설

「하루하루 한국을 빛낸 100명의 위인들」의 마흔두 번째 위인 '이율곡' 편을 참조하세요. 정답 p. 122

마흔세 번째 한국사 퀴즈

퀴즈! 성리학을 연구하고 더욱 발전시킨
이퇴계

아래 그림에 등장한 성리학자는 교육에도 힘썼습니다. 이 학자의 건의로 임금님께 이름을 지어 받은 서원은 어디인가요?

① 병산 서원

② 도산 서원

③ 소수 서원

④ 백운동 서원

「하루하루 한국을 빛낸 100명의 위인들」의 마흔세 번째 위인 '**이퇴계**' 편을 참조하세요.   **정답** p. 123

마흔네 번째 한국사 퀴즈

퀴즈! 글과 그림에 능한 예술가 **신사임당**

다음은 신사임당이 쓴 가상 일기입니다. 관련한 설명 중 옳은 것을 고르세요.

오늘은 가만히 마당을 바라보다 풀이며 꽃들이 하늘거리는 모습이 아름다워 나도 모르게 붓을 들었다. 그런데 화를 치던 닭이 갑자기 날아오더니 내가 그린 벌레를 쪼아 먹으려 드는 것이 아닌가? 모두 닭을 쫓으며 웃고 감탄하느라 즐거운 시간을 보낸 날이었다.

① 신사임당은 현모양처의 대명사가 되고자 공부보다는 집안일에 충실했다.
② 신사임당의 집안은 딸들에게 글공부, 예술 활동을 지원하는 분위기였다.
③ 신사임당은 직접 벌레를 잡아 닭 모이로 주기도 했다.
④ 신사임당은 평생 본가에서 지내며 글쓰기, 시 짓기, 그림 그리기 등 예술가의 삶을 살았다.

「하루하루 한국을 빛낸 100명의 위인들」의 마흔네 번째 위인 '신사임당' 편을 참조하세요.   정답 p. 123

마흔다섯 번째 한국사 퀴즈

  나라 지키는 것밖에 몰랐던
홍의 장군 **곽재우**

아래는 한국사 발표를 위해 준비한 자료입니다. 빈칸에 들어갈 내용으로 알맞은 것을 고르세요.

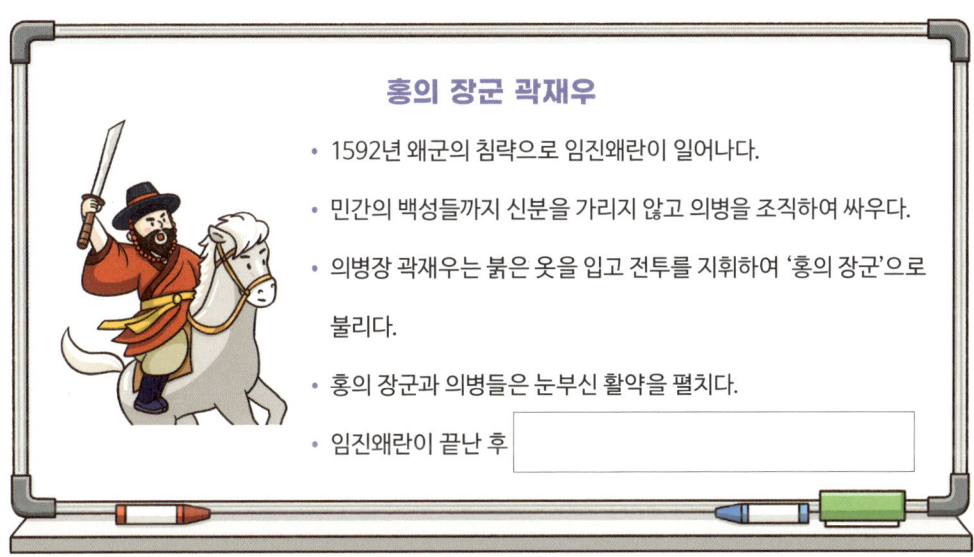

홍의 장군 곽재우

- 1592년 왜군의 침략으로 임진왜란이 일어나다.
- 민간의 백성들까지 신분을 가리지 않고 의병을 조직하여 싸우다.
- 의병장 곽재우는 붉은 옷을 입고 전투를 지휘하여 '홍의 장군'으로 불리다.
- 홍의 장군과 의병들은 눈부신 활약을 펼치다.
- 임진왜란이 끝난 후

① 곽재우의 공을 높이 산 임금님의 특별상을 받아, 높은 관직에 오르는 등 승승장구하다.

② 정식 군인이 아닌 의병들의 활약은 크게 인정되지 않아 곽재우는 상심에 빠지다.

③ 조정에서 여러 번 곽재우에게 관직을 내렸지만, 정치에는 관심이 없었던 곽재우는 은거의 삶을 살다.

④ 곽재우는 정식 군인이 되어 군사들을 가르치고 훈련시키는 일을 하다.

「하루하루 한국을 빛낸 100명의 위인들」의 마흔다섯 번째 위인 '곽재우' 편을 참조하세요.

정답 p. 123

마흔여섯 번째 한국사 퀴즈

퀴즈! 왜군을 막아 내기 위해 목숨을 바친
의병장 **조헌**

오늘은 조헌에 대해 마인드맵을 그려 보았습니다. 마인드맵을 완성하기 위해 빈칸에 들어갈 내용으로 알맞은 것을 고르세요.

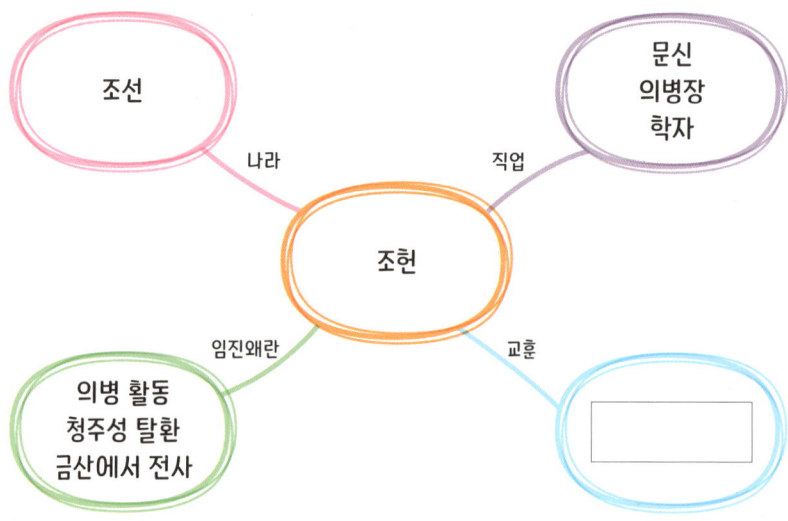

① 고생고생해서 열심히 공부할 필요가 없다.

② 우리 민족은 외적으로부터 나라가 위태로울 때면 똘똘 뭉쳐 끝까지 싸웠다.

③ 임진왜란에 맞서 싸우지 않고 친일파로 활동했다면 훗날 욕을 먹을지언정 잘살 수 있었을 것이다.

④ 무신보다는 글공부를 열심히 해서 문신이 되는 것이 바람직하다.

「하루하루 한국을 빛낸 100명의 위인들」의 마흔여섯 번째 위인 '**조헌**' 편을 참조하세요.

정답 p. 123

마흔일곱 번째 한국사 퀴즈

  곽재우와 함께 끝까지 싸운
무신 **김시민**

다음은 '쇼미더역사'에 출전한 래퍼의 곡 '김시민의 전략'입니다. 가사의 빈칸에 들어갈 내용으로 알맞은 것을 고르세요.

> 전쟁에서 이기려면 중요한 건 뭐다?
>
> 좋은 무기? 많은 군사? 든든한 지원?
>
> 모두 맞는 얘기지만 전략이 정말 중요해!
>
> 온 백성이 너나 할 것 없이 왜놈들과 맞섰던 임진왜란!
>
> 진주성을 공격받은 김시민은 군사가 부족해 난감!
>
> 3,800여 명으로 2만 왜군 물리친 그의 전략은?

① 미리 성을 싹 비워서 왜군을 당황시켰지!
② 노인들 여인들 모두 남자로 변장시켰지!
③ 직접 왜군을 찾아가 외교로 해결했지!
④ 일단 적에게 항복하는 척 뒤통수를 쳤지!

  「하루하루 한국을 빛낸 100명의 위인들」의 마흔일곱 번째 위인 '김시민' 편을 참조하세요.

마흔여덟 번째 한국사 퀴즈

퀴즈! 왜군을 전멸시킨 위대한 장군
충무공 **이순신**

아래는 이순신 장군의 전투 장면입니다. 이순신 장군의 생애와 업적에 대한 설명으로 틀린 것을 고르세요.

달아나는 배 한 척까지 그냥 둘 수 없다!

① 어린 시절부터 전쟁놀이를 즐겼고, 말타기와 활쏘기에도 능했어요.
② 옥포 해전, 한산도 대첩, 명량 대첩, 노량 해전에서 왜군을 물리치고 승리를 거두었어요.
③ 눈을 감으면서도 군사들의 사기를 생각해, 자신의 죽음을 알리지 말라고 당부했어요.
④ 소년 시절, 무인을 뽑는 과거에 급제한 후 여러 관직을 거치며 승승장구했어요.

「하루하루 한국을 빛낸 100명의 위인들」의 마흔여덟 번째 위인 '이순신' 편을 참조하세요.

정답 p. 123

마흔아홉 번째 한국사 퀴즈

  새 나라 조선을 세운
태조

다음은 태조와의 가상 인터뷰입니다. 태조의 답변 중 ㄱ~ㄷ에 들어갈 내용으로 알맞게 짝지어진 것을 고르세요.

태조와의 인터뷰

건국을 축하드립니다.

앞으로 할 일이 태산이군요.

최영 장군과는 어떻게 뜻이 달라지게 된 건가요?

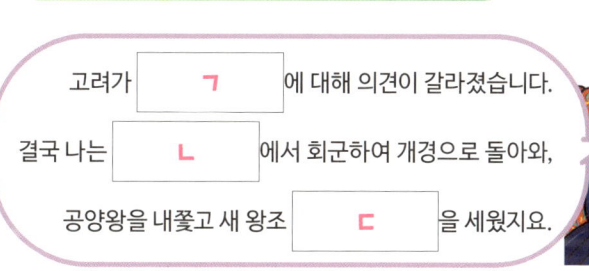

고려가 ㄱ 에 대해 의견이 갈라졌습니다.
결국 나는 ㄴ 에서 회군하여 개경으로 돌아와,
공양왕을 내쫓고 새 왕조 ㄷ 을 세웠지요.

① ㄱ 진나라와 친해야 하냐 금나라와 친해야 하냐   ㄴ 울릉도   ㄷ 대한민국
② ㄱ 명나라와 친해야 하냐 원나라와 친해야 하냐   ㄴ 위화도   ㄷ 조선
③ ㄱ 송나라와 친해야 하냐 청나라와 친해야 하냐   ㄴ 강화도   ㄷ 대한 제국
④ ㄱ 원나라와 친해야 하냐 요나라와 친해야 하냐   ㄴ 제주도   ㄷ 조선

「하루하루 한국을 빛낸 100명의 위인들」의 마흔아홉 번째 위인 '태조' 편을 참조하세요.    정답 p. 123

쉰 번째 한국사 퀴즈

 조선 창건을 이끌고 상왕으로 물러난
정종

다음은 정종이 쓴 가상 일기입니다. 일기의 빈칸에 들어갈 내용으로 알맞지 <u>않은</u> 것을 고르세요.

아버지께서 결국 나에게 왕위를 물려주시고 함흥에 칩거해 버리신 걸 보면, 서로 죽이고 싸우는 아들들의 모습에 넌덜머리가 나신 듯하다. 내가 조선을 다스리게 되었으니 앞으로는

① 안정적인 통치를 위해 형제들을 강력하게 제압하고 왕권을 강화해 나갈 것이다.
② 정치와 군사를 분리하는 행정 개혁을 도모할 계획이다.
③ 개별 귀족이나 가문에서 사사로이 군사를 갖지 못하도록 할 것이다.
④ 노비변정도감을 설치할 계획이다.

「하루하루 한국을 빛낸 100명의 위인들」의 쉰 번째 위인 '정종' 편을 참조하세요.

정답 p. 123

쉰한 번째 한국사 퀴즈

  왕자의 난을 정리하고 세종 통치의 토대를 닦은
태종

아래는 한국사 발표를 위해 준비한 자료입니다. ㄱ~ㄷ에 들어갈 내용으로 알맞게 짝지어진 것을 고르세요.

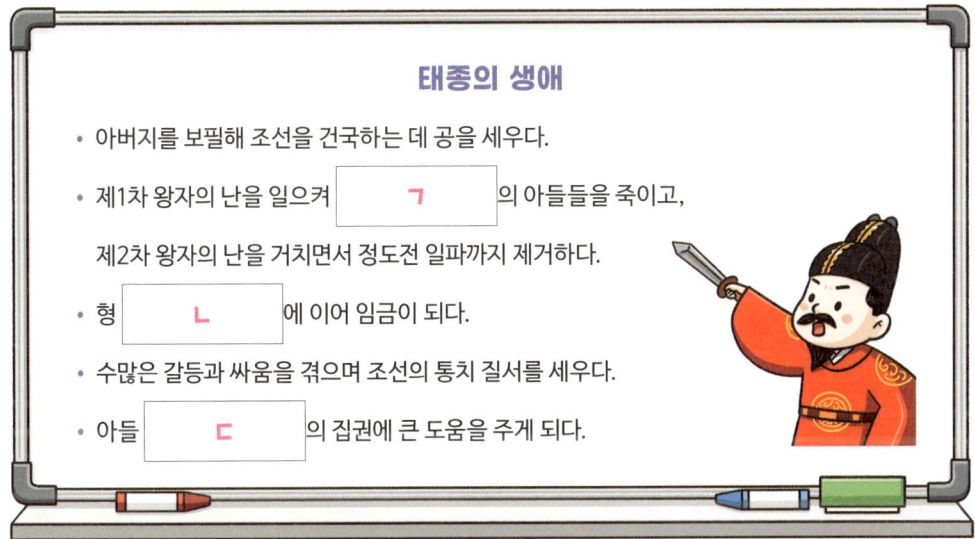

① ㄱ 원경왕후 ㄴ 광종 ㄷ 문종
② ㄱ 신덕왕후 ㄴ 정종 ㄷ 정조 대왕
③ ㄱ 신의왕후 ㄴ 숙종 ㄷ 예종
④ ㄱ 신덕왕후 ㄴ 정종 ㄷ 세종 대왕

 「하루하루 한국을 빛낸 100명의 위인들」의 쉰한 번째 위인 '태종' 편을 참조하세요. p. 123

쉰두 번째 한국사 퀴즈

퀴즈! 우리말 우리글을 창제한
세종 대왕

오늘은 세종 대왕에 대해 마인드맵을 그려 보았습니다. 마인드맵을 완성하기 위해 빈칸에 들어갈 내용으로 알맞지 <u>않은</u> 것을 고르세요.

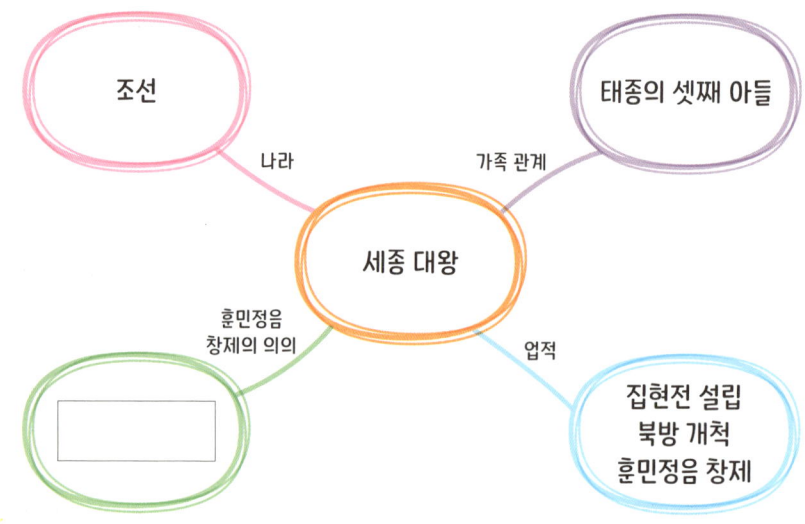

① 세종대왕의 가장 빛나는 업적 중 하나
② 모든 사람이 글을 읽고 표현할 수 있도록 고민하고 연구한 결과
③ 덕분에 지금까지 우리 민족은 고유의 언어로 소통 가능
④ 높은 수준의 지식과 문화, 예술은 한문을 통해 발달

「하루하루 한국을 빛낸 100명의 위인들」의 쉰두 번째 위인 '세종 대왕' 편을 참조하세요.

정답 p. 123

쉰세 번째 한국사 퀴즈

  너무 빨리 승하하여 안타까운
문종

아래는 병상에 누운 문종 임금의 모습입니다. 누구를 생각하며, 왜 눈물짓고 있는 걸까요?

① 돌아가신 할아버지 태종이 그리워서

② 동생 수양 대군이 보고 싶어서

③ 아직 어린 세자가 걱정돼서

④ 자신의 건강했던 어린 시절을 떠올리며

「하루하루 한국을 빛낸 100명의 위인들」의 쉰세 번째 위인 '문종' 편을 참조하세요.   정답 p. 123

쉰네 번째 한국사 퀴즈

퀴즈! 유배지에서 생을 마감한
단종

아래 그림 속 왕은 어린 단종 임금입니다. 등 뒤에서 칼을 들고 있는 인물은 수양 대군으로, 후에 단종을 영월로 유배 보내고 왕위를 빼앗아 조선의 제7대 왕 세조가 됩니다. 두 사람은 어떤 관계인가요?

① 숙부와 조카 관계

② 형과 아우 관계

③ 아버지와 아들 관계

④ 스승과 제자 관계

「하루하루 한국을 빛낸 100명의 위인들」의 쉰네 번째 위인 '단종' 편을 참조하세요.

정답 p. 124

쉰다섯 번째 한국사 퀴즈

 퀴즈! 무력으로 왕위에 오른
세조

아래는 한국사 발표를 위해 준비한 자료입니다. 빈칸에 들어갈 내용으로 알맞은 것을 짚은 친구는 누구인가요?

세조 인물 조사

1. **가족 관계**: 세종 대왕의 둘째 아들, 문종 임금의 동생
2. **어린 시절**: 문종이 학문을 좋아했던 데 비해, 세조는 무예를 좋아하고 병법에 관심
3. **왕위를 빼앗은 과정**: 한명회 등 심복들과 함께 무력으로 단종에게서 왕위 찬탈, 단종을 옹호하는 신하들은 모두 처형하고, 단종에게 사약을 내려 죽임.
4. **업적**: 「경국대전」 편찬 지시 등 나라의 기틀을 단단히 하기 위한 노력
5. **한계**:

① **서하**: 단종을 옹호하는 신하들에게 암살을 당하고 말았어.
② **하은**: 건강이 좋지 않아서, 즉위한 지 얼마 되지 않아 돌아가셨지.
③ **지우**: 조카의 왕위를 빼앗은 행동에 계속해서 비난을 들어야 했어.
④ **현아**: 후손을 남기지 못해서, 후에 왕위를 둘러싼 혼란이 일어났지.

 「하루하루 한국을 빛낸 100명의 위인들」의 쉰다섯 번째 위인 '세조' 편을 참조하세요. 정답 p. 124

쉰여섯 번째 한국사 퀴즈

퀴즈! 단종의 복위를 꾀하다 발각되어 죽은 사육신 **성삼문**

오늘은 성삼문에 대해 마인드맵을 그려 보았습니다. 마인드맵을 완성하기 위해 빈칸에 들어갈 내용으로 알맞지 <u>않은</u> 것을 고르세요.

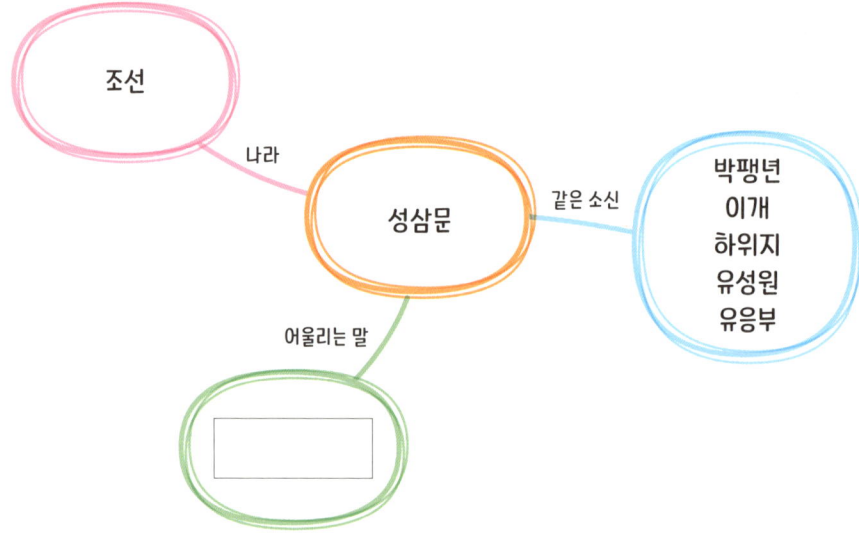

① 토사구팽
② 충절
③ 지조
④ 사군이충

「하루하루 한국을 빛낸 100명의 위인들」의 쉰여섯 번째 위인 '성삼문' 편을 참조하세요. 정답 p. 124

쉰일곱 번째 한국사 퀴즈

퀴즈! 단종의 복위를 꾀하다 발각되어 죽은 사육신 **박팽년**

다음은 단종을 향한 충심을 담은 박팽년의 시조입니다. 시조를 읽고 알맞지 <u>않은</u> 감상 또는 해석을 한 친구는 누구인가요?

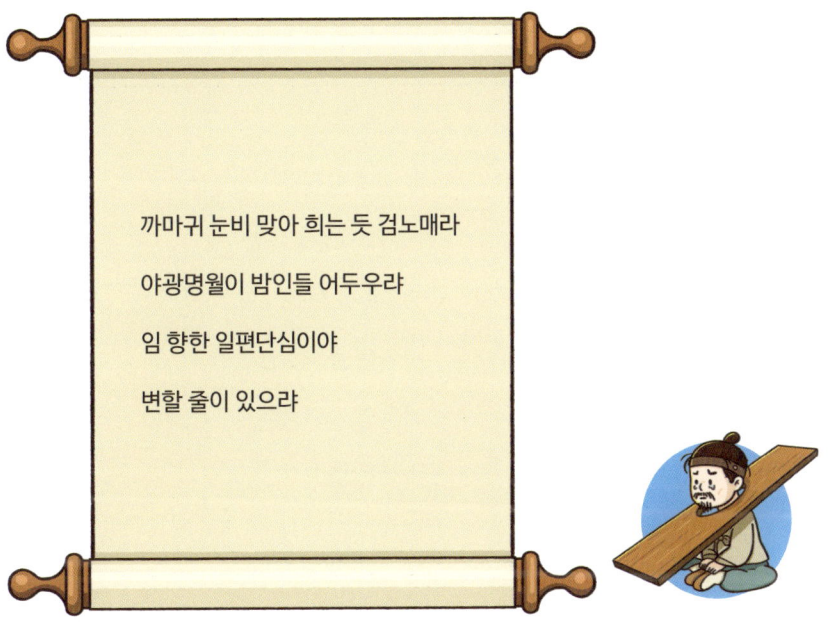

까마귀 눈비 맞아 희는 듯 검노매라

야광명월이 밤인들 어두우랴

임 향한 일편단심이야

변할 줄이 있으랴

① 은서: '일편단심'은 진심에서 우러나오는 변함없는 마음을 이르는 말로, 단종을 향한 박팽년의 마음을 나타내.

② 영지: 아무리 깊은 밤에도 달은 빛을 잃지 않지. 지조를 지키는 충신을 의미해.

③ 민채: 박팽년이 바라본 세조와 간신들은 마치 까마귀와 같아. 눈비 맞아 흰 듯 보여도 결국 검은색 깃털을 들키는 까마귀 말이야.

④ 주아: 까마귀는 지능이 높고 똑똑한 새로 유명하지. 검은 깃털을 희어 보이게 위장하는 모습에 박팽년도 감탄한 것 같아.

「하루하루 한국을 빛낸 100명의 위인들」의 쉰일곱 번째 위인 '**박팽년**' 편을 참조하세요.

정답 p. 124

쉰여덟 번째 한국사 퀴즈

퀴즈! 단종의 복위를 꾀하다 발각되어 죽은 사육신 **이개**

다음은 이개가 남긴 시입니다. 시조를 읽고 알맞은 감상 또는 해석을 한 친구는 누구인가요?

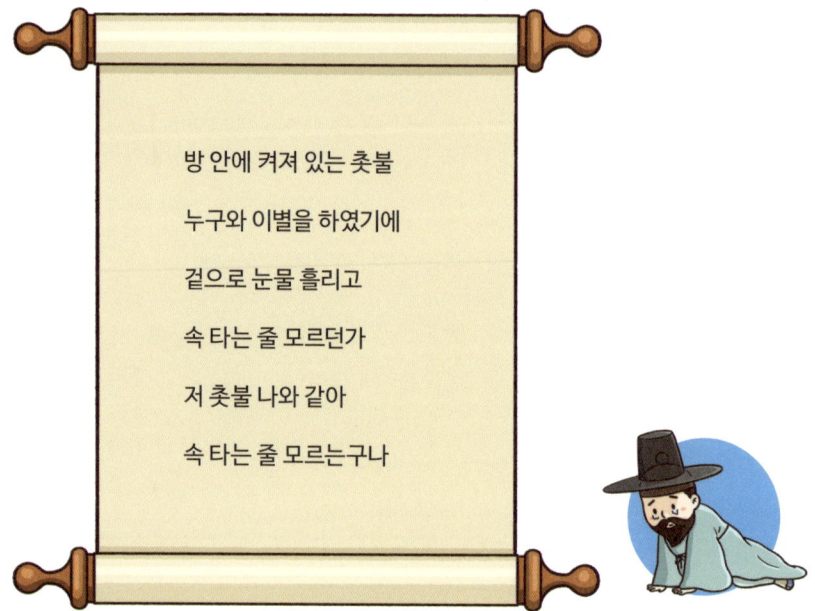

방 안에 켜져 있는 촛불
누구와 이별을 하였기에
겉으로 눈물 흘리고
속 타는 줄 모르던가
저 촛불 나와 같아
속 타는 줄 모르는구나

① **연아:** 촛불이 점점 타면서 없어지는 모습이 안타까웠나 봐. 옛날 사람들은 초 한 자루도 아껴 썼다는 걸 알 수 있어.

② **진주:** 단종을 걱정하고 그리워하는 충신의 마음이 느껴지는 것 같아.

③ **단비:** 이별 후 눈물 흘리며 속 태우는 마음을 나타낸 시야. 아마도 가족이나 친한 친구와 멀어졌나 봐.

④ **혜리:** 울고불고 속 태울 게 뭐 있어. 지난 일은 다 잊으면 그만이야.

「하루하루 한국을 빛낸 100명의 위인들」의 쉰여덟 번째 위인 '이개' 편을 참조하세요.

정답 p. 124

쉰아홉 번째 한국사 퀴즈

  단종의 복위를 꾀하다 발각되어 죽은 사육신 **하위지**

아래는 수양 대군이 하위지에게 품계를 올리려는 장면입니다. 빈칸에 들어갈 하위지의 생각으로 알맞은 것을 고르세요.

① 이 몸을 뭐로 보고? 좀 더 높은 벼슬을 주면 모를까. 아무튼 한번 생각해 보도록 하지!

② 미래의 권력은 수양 대군이로다. 일찌감치 잘 보이자.

③ 수양 대군이 사사로이 관직을 내리고 상을 주는 행동 자체가 어이없는 노릇이군.

④ 옳다가도 그르고, 그르다가도 옳은 게 세상 이치라 했음이야. 수양 대군 쪽으로 내 뜻을 돌릴 때가 왔도다!

「하루하루 한국을 빛낸 100명의 위인들」의 쉰아홉 번째 위인 '하위지' 편을 참조하세요.

정답 p. 124

예순 번째 한국사 퀴즈

 **퀴즈!** 단종의 복위를 꾀하다 발각되어 죽은 사육신 **유성원**

다음은 단종 복위의 거사를 도모하고 있던 유성원과의 가상 인터뷰입니다. 거사의 결말은 어떻게 되었나요?

유성원과의 인터뷰

어떻게 단종 임금을 다시 왕위에 올리실 계획인지요?

연회가 시작되면, 때를 보아 세조와 측근들을 제거할 겁니다.

그런데 계획이 미뤄졌다는 속보입니다.

예상치 못한 일이 벌어졌어요.

어떻게 된 일일까요?

① 계획이 미뤄지다가 흐지부지되어, 없었던 일이 되고 말았어요.
② 함께 일을 도모하던 신하들 중 한 사람이 단종 복위 계획을 궁궐에 알려 발각되고 말았어요.
③ 명나라 사신마저 세조를 반대하고 단종을 복위할 것을 건의했어요.
④ 단종 복위 계획이 발각되고, 유성원은 세조의 모진 고문 끝에 죽고 말았어요.

 「하루하루 한국을 빛낸 100명의 위인들」의 예순 번째 위인 '유성원' 편을 참조하세요. 정답 p. 124

예순한 번째 한국사 퀴즈

  단종의 복위를 꾀하다 발각되어 죽은 사육신 **유응부**

오늘은 유응부에 대해 마인드맵을 그려 보았습니다. 마인드맵을 완성하기 위해 빈칸에 들어갈 사자성어로 알맞은 것을 고르세요.

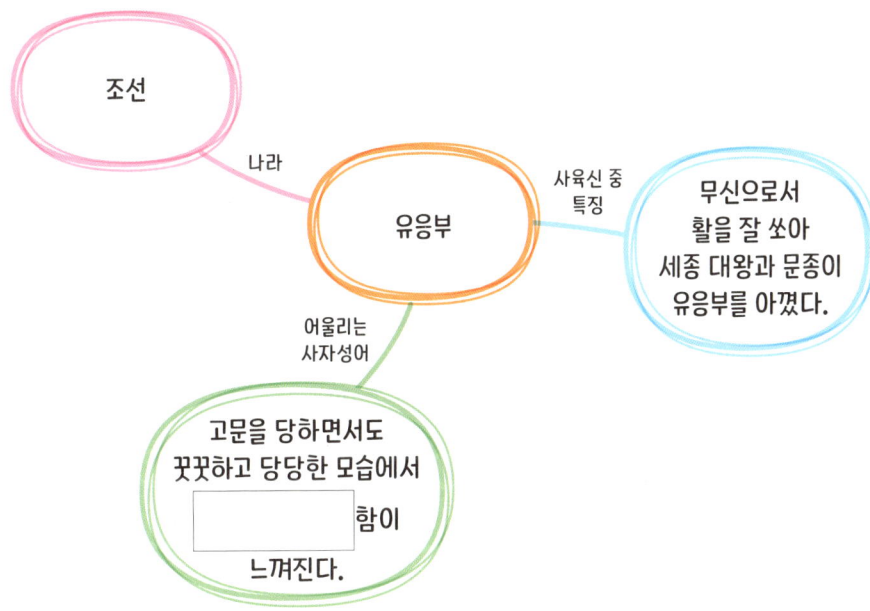

① 전전반측
② 박학다식
③ 고시활보
④ 태연자약

 「하루하루 한국을 빛낸 100명의 위인들」의 예순한 번째 위인 '유응부' 편을 참조하세요.

예순두 번째 한국사 퀴즈

퀴즈! 단종에 대한 절개와 의리로
한평생 벼슬하지 않은 생육신 **김시습**

아래는 생육신 중 한 사람인 김시습의 모습입니다. 김시습의 생애와 관련한 설명 중 틀린 것을 고르세요.

① 단종이 죽은 후 스스로 머리를 깎고 불교에 귀의해 승려가 되었어요.
② 세조를 비난하고 단종을 그리며 지내다가 세조에게 처형당했어요.
③ 세조의 조정에서 벼슬하지 않고, 단종에 대한 의리와 절개를 지켰어요.
④ 수많은 책을 쓰고 글을 남겼어요.

「하루하루 한국을 빛낸 100명의 위인들」의 예순두 번째 위인 '김시습' 편을 참조하세요. 정답 p. 124

예순세 번째 한국사 퀴즈

퀴즈! 단종에 대한 절개와 의리로
한평생 벼슬하지 않은 생육신 **원호**

아래는 한국사 발표를 위해 준비한 자료입니다. 빈칸에 들어갈 내용으로 알맞지 <u>않은</u> 것을 고르세요.

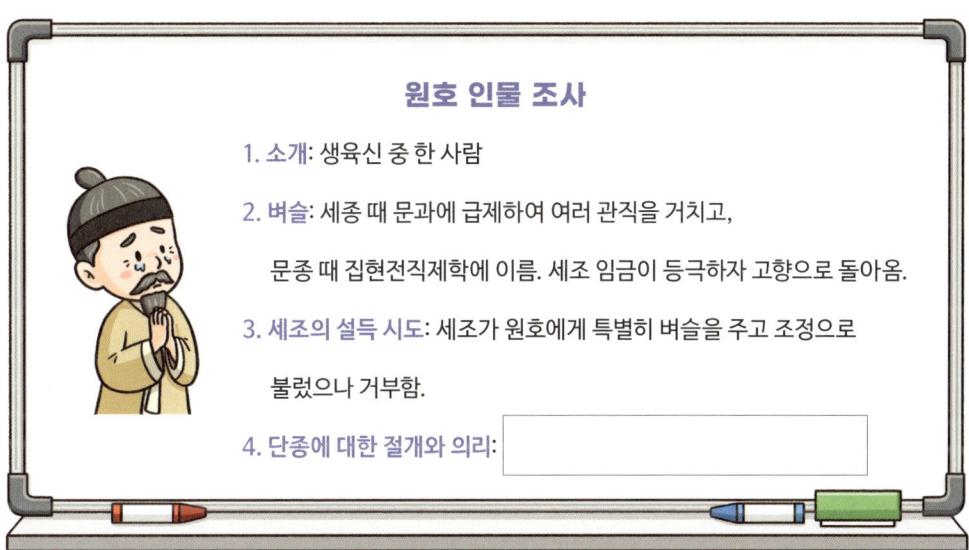

원호 인물 조사

1. **소개**: 생육신 중 한 사람
2. **벼슬**: 세종 때 문과에 급제하여 여러 관직을 거치고, 문종 때 집현전직제학에 이름. 세조 임금이 등극하자 고향으로 돌아옴.
3. **세조의 설득 시도**: 세조가 원호에게 특별히 벼슬을 주고 조정으로 불렀으나 거부함.
4. **단종에 대한 절개와 의리**:

① 단종이 유배된 영월 서쪽에 집을 짓고 생활함.
② 아침저녁 영월을 향해 노래하고 춤추며 단종의 마음을 달램.
③ 단종이 죽자 삼년상을 치름.
④ 단종을 모신 산소 방향으로 머리를 두고 누움.

「하루하루 한국을 빛낸 100명의 위인들」의 예순세 번째 위인 '**원호**' 편을 참조하세요.

정답 p. 124

예순네 번째 한국사 퀴즈

퀴즈! 단종에 대한 절개와 의리로 한평생 벼슬하지 않은 생육신 **이맹전**

다음은 '쇼미더역사'에 출전한 래퍼의 곡 '이맹전의 은둔'입니다. 가사의 ㄱ, ㄴ에 들어갈 내용으로 알맞은 것을 고르세요.

> 청백리로 이름이 높았던 이맹전!
>
> 벼슬을 버리고 고향으로 돌아간 이유는 뭐다?
>
> [　　　　ㄱ　　　　]
>
> 안 보여! 안 들려! 친구도 안 만난 이유는 뭐다?
>
> [　　　　ㄴ　　　　]
>
> 결국 30여 년이나 문밖에 나가지 않았다니
>
> 절개 인정! 의리 인정! 충심 인정! 정답을 맞힌 넌 한국사 달인 인정!

① ㄱ 사실 재산을 불리고 싶었지!
　ㄴ 돈 좀 버니 친구들이 몰려들어 귀찮게 했기 때문이지!

② ㄱ 일찌감치 은퇴해서 귀농하기 위해서지!
　ㄴ 친구한테 마음이 상해 조용히 끊으려고!

③ ㄱ 자연에서 살고 싶었겠지!
　ㄴ 낯가림이 오죽이나 심하면 그랬겠어!

④ ㄱ 수양 대군의 권력 찬탈로 조정이 혼란스러웠기 때문이지!
　ㄴ 철저하게 숨어 살기를 택한 거지!

  「하루하루 한국을 빛낸 100명의 위인들」의 예순네 번째 위인 '이맹전' 편을 참조하세요.

정답 p. 124

예순다섯 번째 한국사 퀴즈

퀴즈! 단종에 대한 절개와 의리로
한평생 벼슬하지 않은 생육신 **조려**

다음은 고향에서 은둔 중인 조려와의 가상 인터뷰입니다. 빈칸에 들어갈 답변으로 알맞지 <u>않은</u> 설명을 고르세요.

조려와의 인터뷰

시간 내 주셔서 감사합니다. 어째서 고향으로 돌아오신 건지요?

세조의 밑에서 권력을 다투느니 조용하게 지내기를 택했습니다.

요즘 일상이 궁금합니다.

독서와 낚시로 시간을 보냅니다.
미래의 후손들에게라도 나의 충심이 전해지길 바라면서요.

① 안타깝게도 그렇게 되지 못했네요.
② 조선 숙종 대에 이르러 이조 참판의 품계를 받으시게 됩니다.
③ 조선 정조 임금 시기에는 이조 판서의 벼슬을 받으시게 됩니다.
④ 함안의 서산 서원에 위패를 모시고, 충심을 기리는 제사도 지내고 있습니다.

「하루하루 한국을 빛낸 100명의 위인들」의 예순다섯 번째 위인 '**조려**' 편을 참조하세요.

정답 p. 124

예순여섯 번째 한국사 퀴즈

퀴즈! 단종에 대한 절개와 의리로
한평생 벼슬하지 않은 생육신 **성담수**

오늘은 성담수에 대해 마인드맵을 그려 보았습니다. 마인드맵을 완성하기 위해 빈칸에 들어갈 사자성어로 알맞은 것을 고르세요.

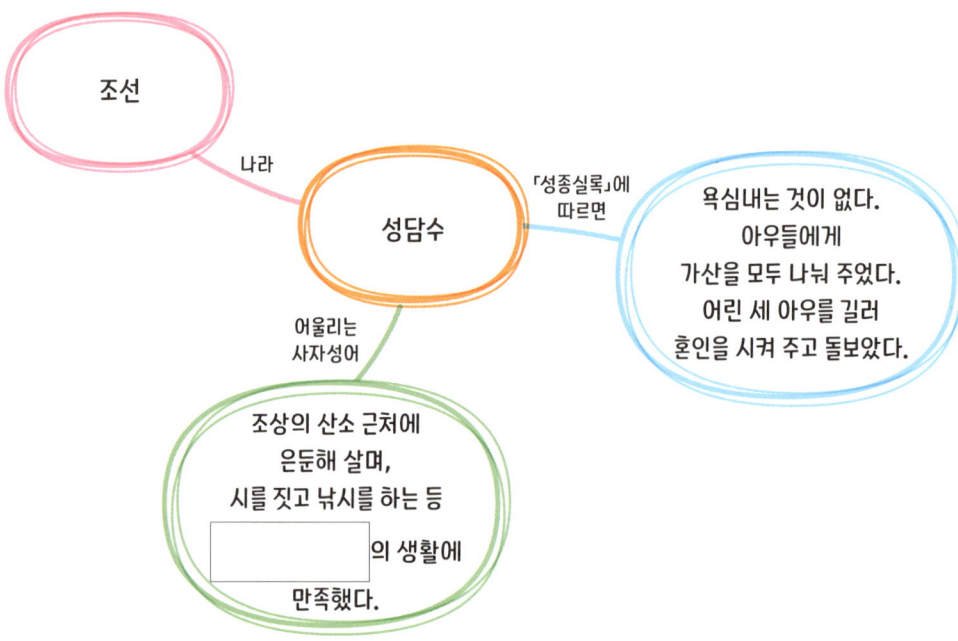

① 일망타진
② 사통팔달
③ 안빈낙도
④ 수불석권

예순일곱 번째 한국사 퀴즈

  단종에 대한 절개와 의리로
한평생 벼슬하지 않은 생육신 **남효온**

다음은 남효온이 쓴 가상 일기입니다. 일기에 등장한, 밑줄 그은 '사육신의 이야기'가 기록된 책의 이름은 무엇인가요?

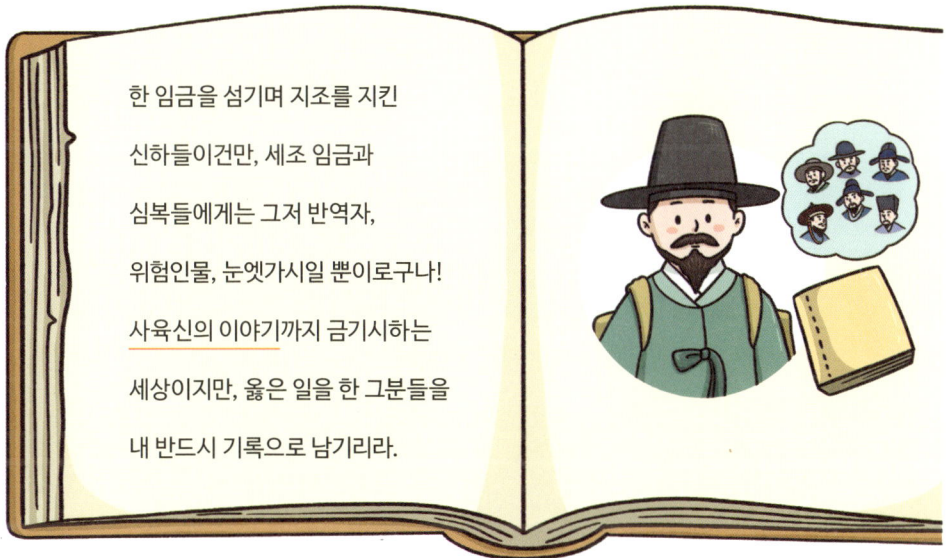

① 「심청전」
② 「육신전」
③ 「흥부전」
④ 「춘향전」

예순여덟 번째 한국사 퀴즈

퀴즈! 왜장을 붙들고 강물로 투신하여 순국한
의로운 여성 **논개**

아래는 임진왜란 중 왜장을 유인하여 강물에 빠뜨리고 있는 논개의 모습입니다.
논개의 생애와 관련한 설명 중 <u>틀린</u> 것을 고르세요.

① 유교 윤리 때문에 논개의 애국은 한동안 정당하게 평가받지 못했어요.

② 진주 사람들은 논개가 순국한 바위에 '의로운 행동이 일어난 바위'를 뜻하는 글자를 새기고 추모했어요.

③ 진주의 관기로, 일본군 적장을 남강에 빠뜨리고 순국했어요.

④ 전쟁이 끝나자 논개의 순국은 높이 평가받아, 임진왜란 중의 충신·효자·열녀를 뽑아 편찬한 책에 실렸어요.

「하루하루 한국을 빛낸 100명의 위인들」의 예순여덟 번째 위인 '**논개**' 편을 참조하세요.

정답 p. 125

예순아홉 번째 한국사 퀴즈

퀴즈! 임진왜란 7년간 군대를 지휘하며 행주 대첩에서 승리한 **권율**

아래는 한국사 발표를 위해 준비한 자료입니다. 빈칸에 들어갈 내용으로 알맞지 <u>않은</u> 것을 고르세요.

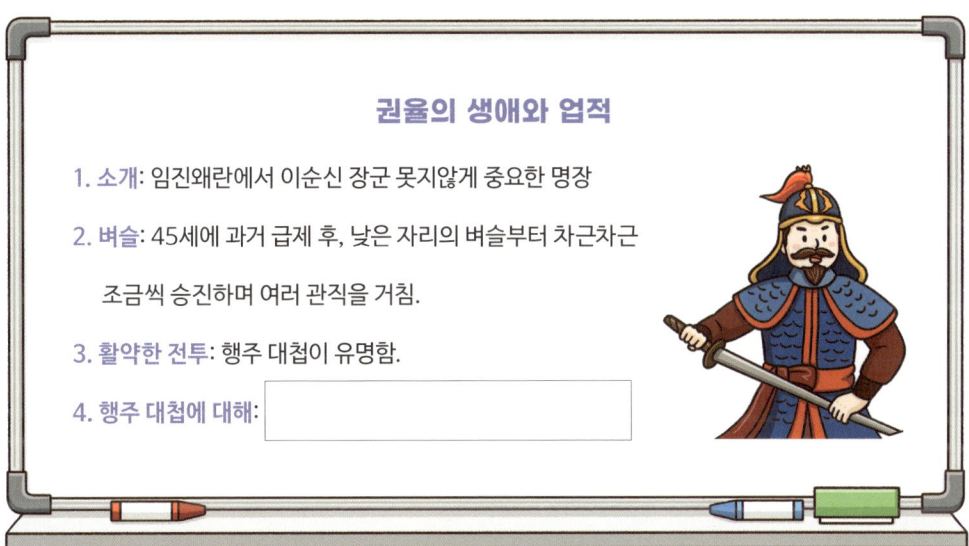

권율의 생애와 업적

1. **소개**: 임진왜란에서 이순신 장군 못지않게 중요한 명장
2. **벼슬**: 45세에 과거 급제 후, 낮은 자리의 벼슬부터 차근차근 조금씩 승진하며 여러 관직을 거침.
3. **활약한 전투**: 행주 대첩이 유명함.
4. **행주 대첩에 대해**:

① 임진왜란에서 조선이 승리를 거두는 데 중요한 역할을 한 싸움
② 권율 장군이 어린 나이에 치른 큰 전투
③ 이순신 장군의 한산도 대첩, 김시민 장군의 진주 대첩과 함께 임진왜란의 3대 대첩
④ 백성들과 합심하여 여성들까지 긴 치마를 잘라 돌을 나르며 전투에 참여

「하루하루 한국을 빛낸 100명의 위인들」의 예순아홉 번째 위인 '권율' 편을 참조하세요.

정답 p. 125

#4절 한국사 퀴즈

박문수

한석봉

김홍도

김삿갓

김정호

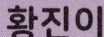
황진이

홍경래

윤봉길

안중근

김구

일흔 번째 한국사 퀴즈

 현실에 안주하지 않고 진보적 사상을 펼친 실학자 **박지원**

다음은 '쇼미더역사'에 출전한 래퍼의 곡 '박지원의 실학사상'입니다. 가사의 ㄱ~ㄷ에 들어갈 내용으로 알맞게 짝지어진 것을 고르세요.

조선 시대 답답한 유교만 있는 줄 알았다면?

그건 네 착각! 들어는 봤나? 실생활의 이득을 목표로 한 실학!

잘 봐! 박지원이 펼친 실학사상!

| ㄱ | 사절단 수행원으로 가면서

황제의 별궁을 짓던 | ㄴ |(을)를 지나며

선진적인 모습에 눈이 확 뜨인 거지!

발전된 문물을 배우고 실천하자는 실학사상은

| ㄷ |(을)를 통해 잘 나타나니 한번 읽어 봐! 도전!

① ㄱ 청나라 ㄴ 열하   ㄷ 「열하일기」
② ㄱ 명나라 ㄴ 황하   ㄷ 「난중일기」
③ ㄱ 청나라 ㄴ 장강   ㄷ 「열하일기」
④ ㄱ 명나라 ㄴ 목단강 ㄷ 「왕오천축국전」

정답 p. 125

「하루하루 한국을 빛낸 100명의 위인들」의 일흔 번째 위인 '**박지원**' 편을 참조하세요.

일흔한 번째 한국사 퀴즈

  의적이 되어 반란을 일으킨
임꺽정

아래는 탐관오리들을 처단하는 의적 임꺽정과 그를 따르는 백성들의 모습입니다. 빈칸에 들어갈 임꺽정의 마음속 생각으로 알맞지 않은 것을 고르세요.

① 억울함을 참고 넘어가는 것도 하루이틀이지, 더 이상은 아니야!

② 백정이라는 이유로 차별하고 괴롭히다니 옳지 않아.

③ 모두들 나에게 의롭다고 칭송한다. 궁궐로 쳐들어가 이 나라를 다스리자!

④ 백성들을 힘들게만 하는 관리들에게 본때를 보여 주자.

일흔두 번째 한국사 퀴즈

퀴즈! 청나라와 화의를 끝까지 반대하다 처형당한 삼학사 **홍익한**

오늘은 홍익한에 대해 마인드맵을 그려 보았습니다. 마인드맵을 완성하기 위해 ㄱ, ㄴ에 들어갈 인물로 알맞게 짝지어진 것을 고르세요.

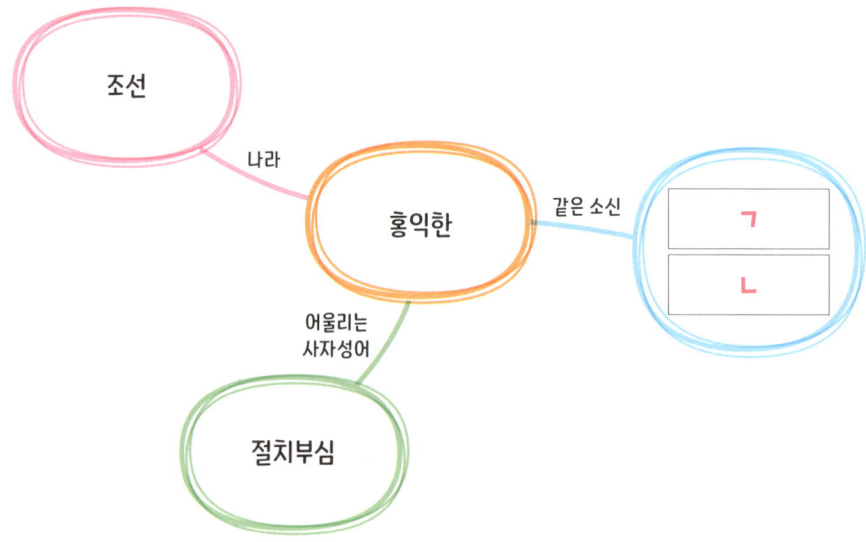

① ㄱ 박지원　ㄴ 성삼문
② ㄱ 오달제　ㄴ 윤집
③ ㄱ 김시습　ㄴ 박팽년
④ ㄱ 인조 임금　ㄴ 청나라 왕 태종

「하루하루 한국을 빛낸 100명의 위인들」의 일흔두 번째 위인 '**홍익한**' 편을 참조하세요.　**정답** p. 125

일흔세 번째 한국사 퀴즈

퀴즈! 청나라와 화의를 끝까지 반대하다 처형당한 삼학사 **윤집**

아래는 한국사 발표를 위해 준비한 자료입니다. ㄱ~ㄷ에 들어갈 내용으로 알맞게 짝지어진 것을 고르세요.

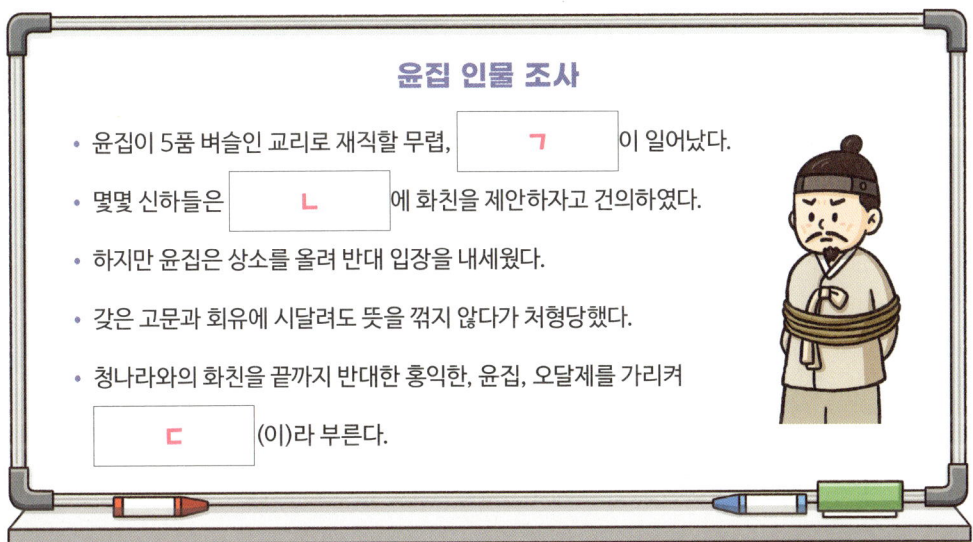

윤집 인물 조사

- 윤집이 5품 벼슬인 교리로 재직할 무렵, ㄱ 이 일어났다.
- 몇몇 신하들은 ㄴ 에 화친을 제안하자고 건의하였다.
- 하지만 윤집은 상소를 올려 반대 입장을 내세웠다.
- 갖은 고문과 회유에 시달려도 뜻을 꺾지 않다가 처형당했다.
- 청나라와의 화친을 끝까지 반대한 홍익한, 윤집, 오달제를 가리켜 ㄷ (이)라 부른다.

① ㄱ 임진왜란 ㄴ 명나라 ㄷ 삼학사
② ㄱ 정유재란 ㄴ 수나라 ㄷ 사육신
③ ㄱ 병자호란 ㄴ 청나라 ㄷ 삼학사
④ ㄱ 임진왜란 ㄴ 청나라 ㄷ 생육신

「하루하루 한국을 빛낸 100명의 위인들」의 일흔세 번째 위인 '윤집' 편을 참조하세요.

정답 p. 125

일흔네 번째 한국사 퀴즈

퀴즈! 청나라와 화의를 끝까지 반대하다 처형당한 삼학사 **오달제**

다음은 오달제가 청나라에서 생활하며 쓴 가상 일기입니다. 일기의 빈칸에 들어갈 내용으로 적절하지 <u>않은</u> 것을 고르세요.

화의를 거부했더니 전쟁의 책임을 물어 청나라까지 끌고 오는구나. 오늘은 용골대가 찾아오더니, 가족들을 데려와 청나라에서 살라고 구슬린다.

① 청나라는 임금이고 조선은 신하라니 내 목에 칼이 들어와도 인정할 수 없다.
② 청나라의 협박에 굴복하는 건 오랑캐가 되는 것이나 다름없다. 나는 끝까지 항변할 것이다.
③ 용골대에게 가족들을 데려오겠다고 언제 말하는 게 좋을까?
④ 이곳에서 목숨을 잃을지언정 나는 청나라와의 화의에 찬성할 마음이 없다.

「하루하루 한국을 빛낸 100명의 위인들」의 일흔네 번째 위인 '오달제' 편을 참조하세요.

정답 p. 125

일흔다섯 번째 한국사 퀴즈

퀴즈! 탐관오리를 벌하고 백성을 위한 조치를 취한 어사 **박문수**

다음은 어사 박문수와의 가상 인터뷰입니다. 빈칸에 들어갈 박문수의 답변으로 알맞은 내용을 고르세요.

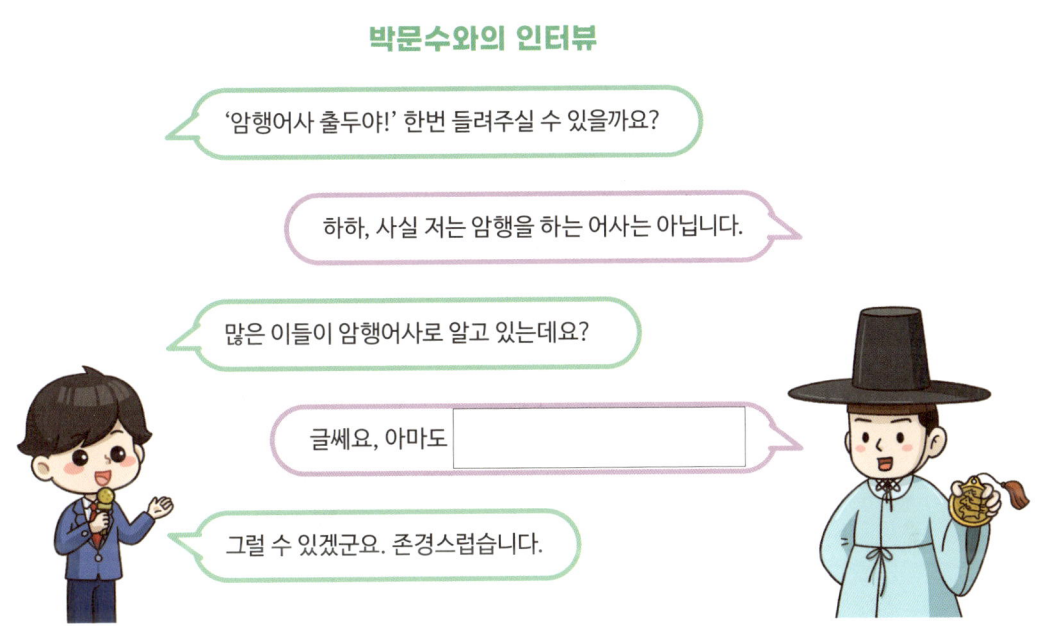

① 갓 쓰고 도포 입으면 다 비슷해 보입니다. 저랑 닮은 암행어사가 있었겠지요.

② 사람들 사이에는 늘 헛소문이 많습니다. 그런 오해에는 별 관심이 가지 않네요.

③ 박문수라는 이름이 당시에 흔했습니다. 동명이인이 많아서 그랬던 것 같군요.

④ 제 업적이 백성들에게 알려지면서 제가 마치 어사의 대표적인 인물이며 암행도 한 듯이 인식되었습니다.

「하루하루 한국을 빛낸 100명의 위인들」의 일흔다섯 번째 위인 '박문수' 편을 참조하세요.

정답 p. 125

일흔여섯 번째 한국사 퀴즈

퀴즈! 우리나라를 대표하는 명필 서예가 **한석봉**

아래는 어머니가 고르게 떡을 써는 동안 삐뚤빼뚤 글씨를 쓰고 있는 아들 한석봉의 모습입니다. 훗날 명필이 된 한석봉의 생애와 관련한 설명 중 틀린 것을 고르세요.

① 부유한 양반집의 아들로 태어났어요.
② '석봉'은 호이며 이름은 '한호'예요.
③ 나라의 문서를 작성하는 관리로 일했어요.
④ 이름난 곳의 현판에 한석봉의 글씨가 남아 있어, 명필의 글씨를 감상할 수 있어요.

「하루하루 한국을 빛낸 100명의 위인들」의 일흔여섯 번째 위인 '한석봉' 편을 참조하세요.

정답 p. 125

일흔일곱 번째 한국사 퀴즈

퀴즈! 사람들의 생활을 실감 나게 그려 낸 풍속화의 대가 **김홍도**

다음은 자신이 그린 풍속화 작품을 소개하는 김홍도의 모습입니다.
풍속화의 소재로 어울리지 않는 장면을 고르세요.

① 훈장님에게 혼난 소년과 킥킥대는 친구들의 모습
② 씨름판과 구경꾼들의 모습
③ 구름 위에서 노니는 신선들의 모습
④ 벼 타작하는 농민들의 모습

「하루하루 한국을 빛낸 100명의 위인들」의 일흔일곱 번째 위인 '김홍도' 편을 참조하세요. 정답 p. 125

일흔여덟 번째 한국사 퀴즈

퀴즈! 삿갓을 쓰고 세상을 떠돌며 풍자시를 쓴 **김삿갓**

아래는 한국사 발표를 위해 준비한 자료입니다. 빈칸에 들어갈 설명으로 알맞은 것을 고르세요.

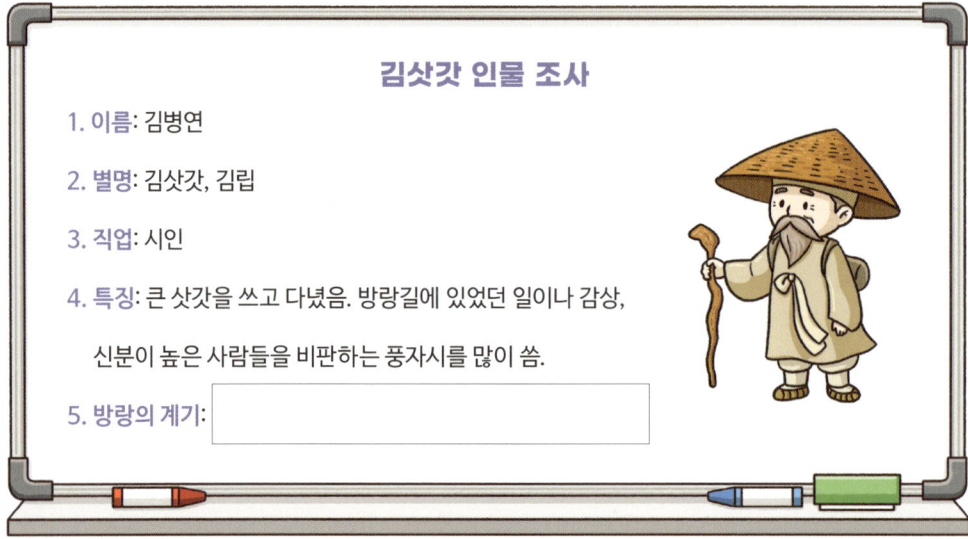

① 호기심이 많아 방방곡곡 세상 구경을 하고 싶어서
② 과거 시험에서 자신이 할아버지를 비판하는 글을 썼다는 사실을 알게 되어서
③ 사춘기에 접어들며 방황을 오래 겪어서
④ 과거 시험에 계속 낙방하며 생활비 축내는 것이 부모님께 죄송해서

「하루하루 한국을 빛낸 100명의 위인들」의 일흔여덟 번째 위인 '김삿갓' 편을 참조하세요.

정답 p. 126

일흔아홉 번째 한국사 퀴즈

  퀴즈! 3대 지도와 지리지를 펴낸 학자 **김정호**

오늘은 김정호에 대해 마인드맵을 그려 보았습니다. 마인드맵을 완성하기 위해 빈칸에 들어갈 내용으로 알맞지 <u>않은</u> 것을 고르세요.

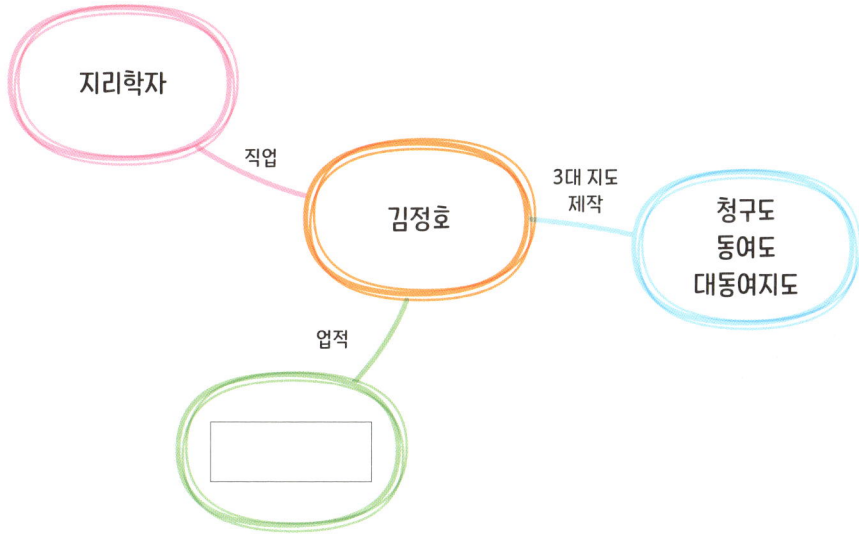

① 과학적인 지도 제작
② 우리나라 방방곡곡의 고을 위치와 땅의 모양들을 집대성
③ 완성한 지도는 다른 나라에 큰돈을 받고 판매
④ 지도에 등장하는 기호를 보는 방법, 지도를 어떻게 이용하면 편리한지 등을 다룬 책 집필

 「하루하루 한국을 빛낸 100명의 위인들」의 일흔아홉 번째 위인 '김정호' 편을 참조하세요. 정답 p. 126

여든 번째 한국사 퀴즈

퀴즈! 당쟁을 타파하고
나라를 안정시키기 위해 노력한 **영조**

다음은 '쇼미더역사'에 출전한 래퍼의 곡 '영조의 업적'입니다. 가사의 ㄱ~ㄷ에 들어갈 내용으로 알맞게 짝지어진 것을 고르세요.

동인? 서인? 노론? 소론? 남인? 북인?

이게 다 무슨 소리? 바로 ㄱ 얘기!

편을 이뤄 비판하고 견제하는 건 좋지만, 안 좋은 모습들도 많았다고 해.

영조 임금이 ㄴ 으로 개혁을 꾀하면서

정치 세력의 균형을 잡고 조정을 안정시켰지!

세금 개혁하고, 인쇄술 개량하고, 백성의 억울한 사연을 듣기 위해

ㄷ 를 설치했다는 것도 잊지 마!

① ㄱ 민주 정치   ㄴ 탕평책   ㄷ 교방고
② ㄱ 식민 통치   ㄴ 호포법   ㄷ 신문고
③ ㄱ 독재 정치   ㄴ 균전법   ㄷ 자명고
④ ㄱ 붕당 정치   ㄴ 탕평책   ㄷ 신문고

 「하루하루 한국을 빛낸 100명의 위인들」의 여든 번째 위인 '영조' 편을 참조하세요.   p. 126

여든한 번째 한국사 퀴즈

퀴즈! 탕평책을 계승하고
선진 개혁 정책을 펴고자 한 **정조**

다음은 수원 화성을 배경으로 한 정조의 모습입니다. 정조에 대한 설명으로 틀린 것을 고르세요.

① 영조의 둘째 아들인 사도 세자의 아들이에요.
② 탕평책을 폐기하고 규장각을 없앴어요.
③ 농장과 저수지를 만들어 새로운 농법을 시험했어요.
④ 백성들이 편안하게 일하고 생활할 수 있도록 노력했어요.

「하루하루 한국을 빛낸 100명의 위인들」의 여든한 번째 위인 '정조' 편을 참조하세요.

정답 p. 126

여든두 번째 한국사 퀴즈

퀴즈! 유배지에서도 실학을 연구하고 저서로 남긴
정약용

다음은 정약용과의 가상 인터뷰입니다. ㄱ, ㄴ에 들어갈 내용으로 알맞게 짝지어진 것을 고르세요.

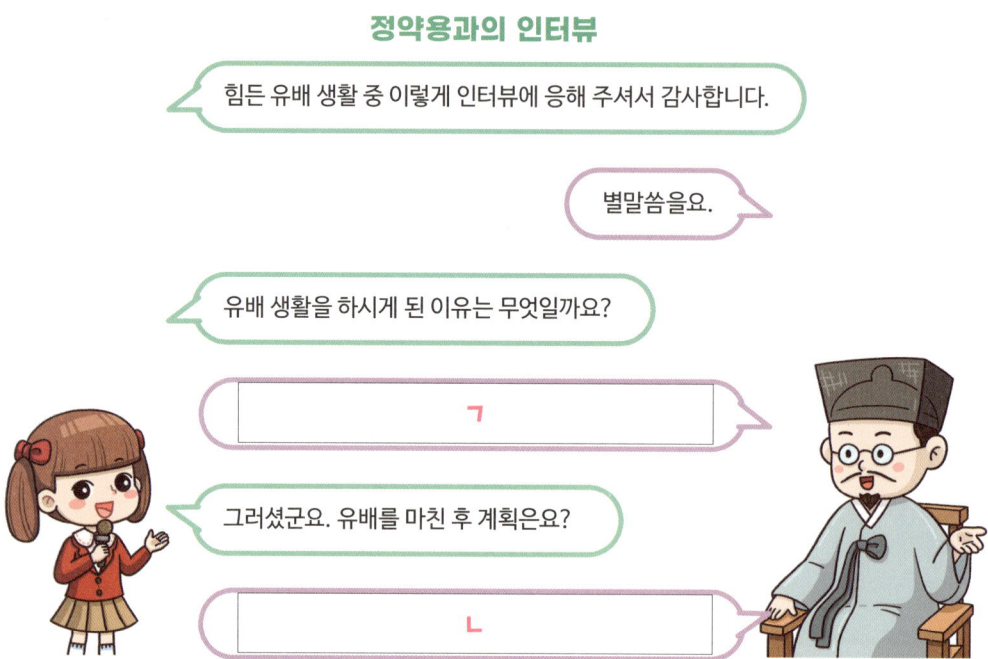

① ㄱ 하던 일에 소홀해져 벌을 받았지요.
　 ㄴ 다시 관료로 복귀하여 그간 못한 일을 해야겠지요.

② ㄱ 성리학을 부정했기 때문이지요.
　 ㄴ 잘 먹고 쉬면서 건강부터 챙겨야 할 것 같습니다.

③ ㄱ 서양 학문과 천주교에 관심을 가졌기 때문이지요.
　 ㄴ 실학 연구를 바탕으로, 조선 개혁의 뜻을 책으로 펴낼 예정입니다.

④ ㄱ 수원 화성을 잘못 설계한 것이 죄였습니다.
　 ㄴ 불교에 귀의하여 남은 생을 보내려고 합니다.

「하루하루 한국을 빛낸 100명의 위인들」의 여든두 번째 위인 '**정약용**' 편을 참조하세요.

정답 p. 126

여든세 번째 한국사 퀴즈

퀴즈! 개혁의 큰 뜻을 품고 농민 운동을 펼친 혁명가 전봉준

다음은 전봉준이 아버지가 돌아가신 직후에 쓴 가상 일기입니다. 이후 전봉준은 어떻게 살아가는지에 대한 설명으로 <u>틀린</u> 것을 고르세요.

① 거처를 옮겨 농사를 짓고 마을의 훈장 선생님 노릇을 하기도 했어요.
② '사람이 곧 하늘'이라 주장하는 민족 종교 동학을 믿게 되었어요.
③ 동학의 지도자가 되었고, 보국안민의 가치를 내세워 동학 농민 혁명을 일으켰어요.
④ 정부군과 일본군을 쳐부수며 혁명을 성공으로 이끌었어요.

「하루하루 한국을 빛낸 100명의 위인들」의 여든세 번째 위인 '전봉준' 편을 참조하세요.

정답 p. 126

여든네 번째 한국사 퀴즈

퀴즈! 우리나라 최초의 천주교 신부
김대건

오늘은 김대건에 대해 마인드맵을 그려 보았습니다. 마인드맵을 완성하기 위해 빈칸에 들어갈 내용으로 알맞지 <u>않은</u> 것을 고르세요.

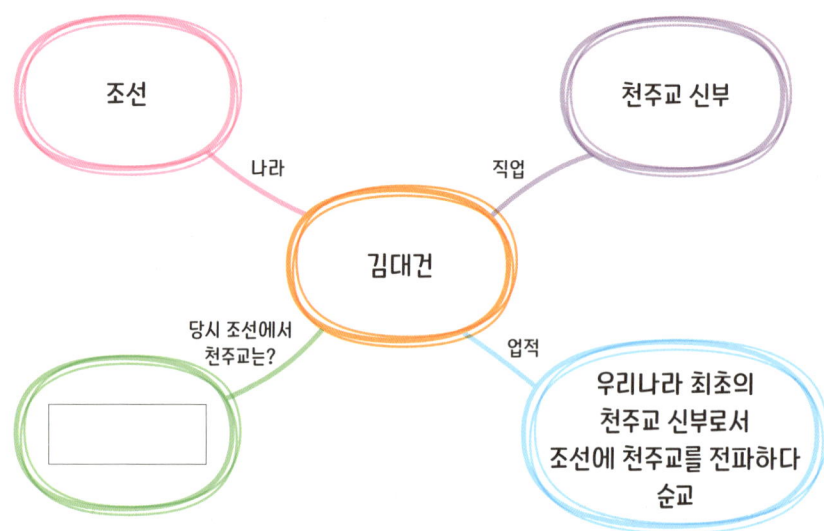

① 유학이 주류였고, 천주교를 믿는 사람은 소수였어요.
② 수많은 성당이 지어져 천주교가 전파되었고, 신부와 수녀도 많았어요.
③ 천주교는 서학이라 하여 배척했어요.
④ 천주교 교리와 문화는 비밀스럽게 전파되었어요.

「하루하루 한국을 빛낸 100명의 위인들」의 여든네 번째 위인 '김대건' 편을 참조하세요.   **정답** p. 126

여든다섯 번째 한국사 퀴즈

퀴즈! 자유로운 예술을 꿈꿨던
황진이

아래는 자유롭게 글을 쓰고 재주를 뽐내던 황진이의 모습입니다. 빈칸에 들어갈 황진이의 마음속 생각으로 알맞지 <u>않은</u> 것을 고르세요.

① 선비들과 글로써 교류하는 것이 즐거워.
② 한시와 시조로 내 글솜씨를 남길 수 있어 뿌듯해.
③ 사대부의 첩이 되어 편하게 살 것을.
④ 자유분방하게 활동할 수 있어서 만족해.

「하루하루 한국을 빛낸 100명의 위인들」의 여든다섯 번째 위인 '황진이' 편을 참조하세요.

정답 p. 126

여든여섯 번째 한국사 퀴즈

퀴즈! 차별에 분노하고 적극적으로 저항한
홍경래

아래는 한국사 발표를 위해 준비한 자료입니다. 빈칸에 들어갈 내용으로 알맞은 것을 짚은 친구는 누구인가요?

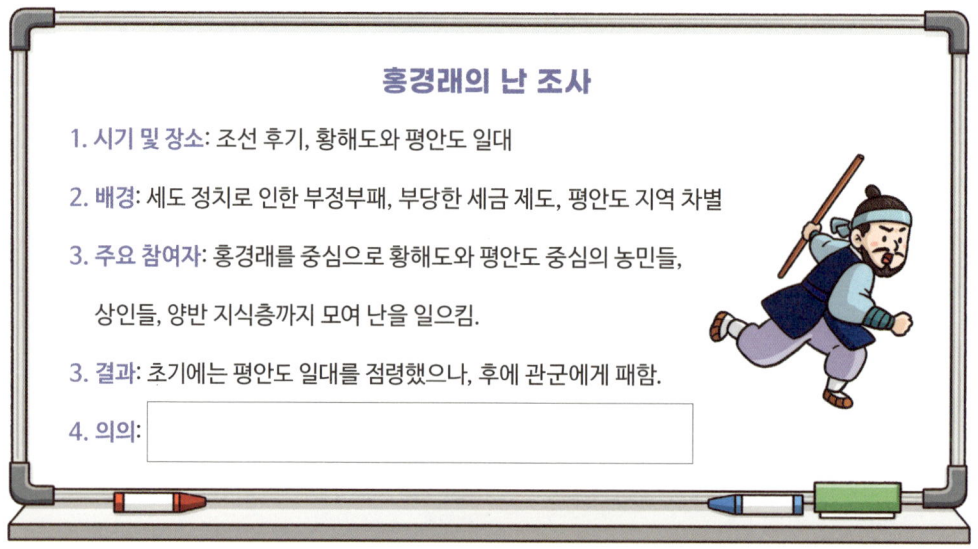

홍경래의 난 조사

1. **시기 및 장소**: 조선 후기, 황해도와 평안도 일대
2. **배경**: 세도 정치로 인한 부정부패, 부당한 세금 제도, 평안도 지역 차별
3. **주요 참여자**: 홍경래를 중심으로 황해도와 평안도 중심의 농민들, 상인들, 양반 지식층까지 모여 난을 일으킴.
3. **결과**: 초기에는 평안도 일대를 점령했으나, 후에 관군에게 패함.
4. **의의**:

① **지한**: 지도자가 잘못했을 때 들고일어나 바로잡으려 하다니, 조선 시대에 매우 앞서가는 행동이었어.

② **규리**: 평안도만 차별했으니 불만이 쌓이지, 여러 지역을 돌아가면서 차별했어야 공평해.

③ **다정**: 가만있으면 중간이라도 갔지, 괜히 반란을 일으켜 성공도 못하고 말이야.

④ **가람**: 어쩔 수 없는 건 그냥 받아들이고 포기했으면 좋았을 텐데.

여든일곱 번째 한국사 퀴즈

퀴즈! 독립을 위해 목숨 바친
윤봉길

다음은 윤봉길 의사의 훙커우 공원 의거 장면입니다. 윤봉길의 삶과 업적에 대한 설명으로 틀린 것을 고르세요.

① 일제의 식민지 노예 교육을 거부하고, 한학과 고전을 공부했어요.

② 야학을 만들어 청소년들을 교육하고, 농민 계몽과 부흥 운동에 참여했어요.

③ 훙커우 공원 의거는 대성공하여 현장에 있던 일본군들에게 막대한 피해를 주었어요.

④ 의거 현장에서 윤봉길 열사는 자결로 생을 마감했어요.

 「하루하루 한국을 빛낸 100명의 위인들」의 여든일곱 번째 위인 '윤봉길' 편을 참조하세요. 정답 p. 126

여든여덟 번째 한국사 퀴즈

퀴즈! 일제 침략의 원흉을 처단한
안중근

아래는 안중근 의사가 이토 히로부미를 척살하고 뤼순 감옥에서 사형 집행을 기다리며 남긴 「논어」의 글귀입니다. 안중근의 의거 및 순국과 관련한 설명 중 <u>틀린</u> 것을 고르세요.

견리사의 見利思義
이익을 보면 대의를 먼저 생각하고

견위수명 見危授命
나라가 위태로우면 목숨을 바친다.

① 이토 히로부미가 러시아와의 회담 일정으로 만주 하얼빈에 왔을 때 이뤄졌어요.
② 안중근 의사는 의거 현장에서 일본군의 총에 목숨을 잃었어요.
③ 일본인으로 위장해 하얼빈역에 도착한 안중근은 러시아 군대 앞을 지나가는 이토 히로부미에 총알 세 발을 명중시켰어요.
④ 중국 하얼빈역에는 기념관이 건립되어 안중근의 의거와 순국 과정을 살펴볼 수 있어요.

「하루하루 한국을 빛낸 100명의 위인들」의 여든여덟 번째 위인 '**안중근**' 편을 참조하세요.

정답 p. 126

여든아홉 번째 한국사 퀴즈

  우리 민족의 독립과 통일을 위해 자신을 바친
김구

오늘은 김구에 대해 마인드맵을 그려 보았습니다. 마인드맵을 완성하기 위해 빈칸에 들어갈 내용으로 알맞지 <u>않은</u> 것을 고르세요.

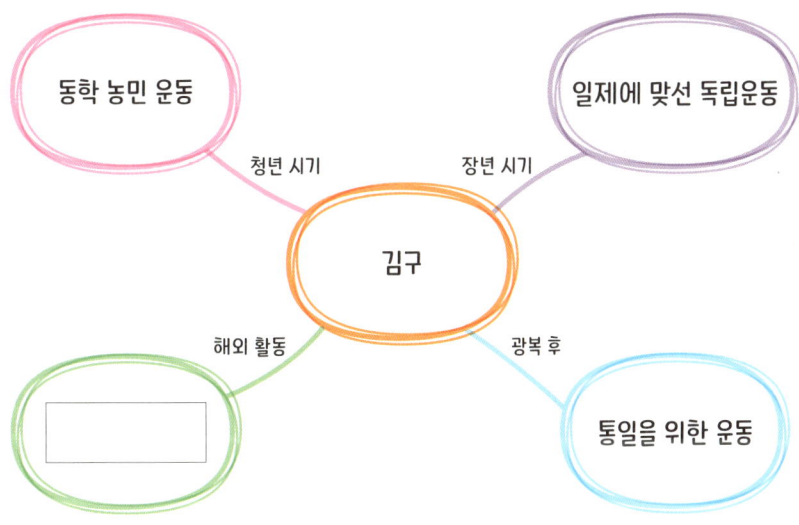

① 만주에서 의병 활동에 참가함.
② 상하이에서 이봉창, 윤봉길의 의거를 도모함.
③ 상하이에서 사제 서품을 받고 우리나라 최초의 천주교 신부가 됨.
④ 상하이에서 대한민국 임시 정부를 진두지휘함.

「하루하루 한국을 빛낸 100명의 위인들」의 여든아홉 번째 위인 '김구' 편을 참조하세요.

p. 126

#5절   ✦한국사 퀴즈✦

윤동주　　지석영　　손병희　　유관순　　안창호

방정환

한용운

주시경

이상

이중섭

김수환

아흔 번째 한국사 퀴즈

 퀴즈! 하늘을 우러러 한 점 부끄럼이 없이 살고자 했던 **윤동주**

다음은 윤동주의 시 중 일부입니다. 일제 강점기 어두운 식민지의 현실에 괴로워하는 시인의 마음이 드러난 이 시의 제목은 무엇인가요?

죽는 날까지 하늘을 우러러
한 점 부끄럼이 없기를.
잎새에 이는 바람에도
나는 괴로워했다.

① 「자화상」
② 「별 헤는 밤」
③ 「서시」
④ 「쉽게 씌어진 시」

「하루하루 한국을 빛낸 100명의 위인들」의 아흔 번째 위인 '윤동주' 편을 참조하세요. 정답 p. 127

아흔한 번째 한국사 퀴즈

  우리나라에서 처음으로 종두를 시행한
지석영

다음은 지석영과의 가상 인터뷰입니다. 빈칸에 들어갈 내용으로 알맞은 것을 고르세요.

지석영과의 인터뷰

- 종두법을 배우느라 무척 바쁘시지요?
- 괜찮아요. 한 명이라도 더 천연두를 예방할 수 있다면 좋겠습니다.
- 서양 의학에는 어떻게 관심을 갖게 되신 건가요?
- 어릴 때 한의학을 배우며 함께 흥미를 갖게 되었고, 청나라에서 들여온 의학 책을 보고, 부산의 병원에 와서 종두법까지 배우고 있는 거랍니다.
- 앞으로의 계획은 어떠신가요?
-

① 전국적인 종두법 보급에 힘써야지요.
② 부산까지 왔으니 동해와 남해를 두루 여행하기로 했습니다.
③ 공장을 세워 주사약을 대량 생산해 큰 사업을 할 겁니다.
④ 힘들게 배운 종두법인데, 주사약을 비싸게 팔아야죠.

「하루하루 한국을 빛낸 100명의 위인들」의 아흔한 번째 위인 '지석영' 편을 참조하세요.

정답 p. 127

아흔두 번째 한국사 퀴즈

퀴즈! 민족 대표의 수장이자 3·1 운동을 주도한
손병희

아래는 3·1 운동에 참여한 손병희의 모습입니다. 손병희의 생애와 업적에 대한 설명으로 <u>틀린</u> 것을 고르세요.

① 동학에 입문하여 간부가 되었고, 제3대 교주가 되면서 동학은 천도교로 이름을 바꾸었어요.
② 민족을 지키기 위해서는 군사 훈련이 가장 중요하다고 생각했어요.
③ 3·1 운동에 천도교를 대표하여 민족 대표 33인의 한 사람으로 참여했어요.
④ 녹두 장군 전봉준과 합세하여 일본군과 맞서 싸운 적도 있어요.

「하루하루 한국을 빛낸 100명의 위인들」의 아흔두 번째 위인 '손병희' 편을 참조하세요.

정답 p. 127

아흔세 번째 한국사 퀴즈

 18세에 옥중에서 순국한
독립운동가 **유관순**

아래는 대한 독립 만세를 외치는 유관순의 모습입니다. 유관순이 만세 시위를 벌이고 있는 장소는 어디인가요?

① 북평 오일장
② 아우내 장터
③ 화개 장터
④ 광장 시장

「하루하루 한국을 빛낸 100명의 위인들」의 아흔세 번째 위인 '유관순' 편을 참조하세요.

정답 p. 127

아흔네 번째 한국사 퀴즈

퀴즈! 신민회와 대성 학교, 흥사단 등을 세워 민족의 실력을 높이고자 한 **안창호**

오늘은 안창호에 대해 마인드맵을 그려 보았습니다. 마인드맵을 완성하기 위해 빈칸에 들어갈 내용으로 알맞은 것을 고르세요.

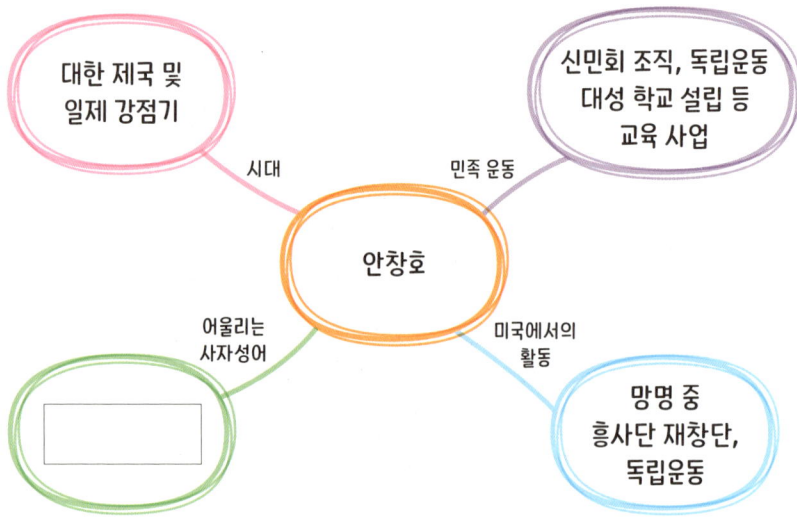

① 함흥차사
② 풍전등화
③ 어불성설
④ 무실역행

아흔다섯 번째 한국사 퀴즈

  어린이날을 만든
방정환

다음은 어린이들과 대화를 나누는 방정환의 모습입니다. 빈칸에 들어갈 방정환의 마음속 생각으로 어울리지 <u>않는</u> 것을 고르세요.

① 외국 동화를 우리나라 어린이들에게 맞게 번안하여 들려주자!
② 어른 어려운 줄 모르고 하고 싶은 말을 다 하는구나!
③ 어린이들이 재미있게 읽을 수 있는 잡지를 만들자!
④ 어린이들을 위한 재미있고 교훈적인 동화를 짓자!

「하루하루 한국을 빛낸 100명의 위인들」의 아흔다섯 번째 위인 '방정환' 편을 참조하세요.   정답 p. 127

아흔여섯 번째 한국사 퀴즈

퀴즈! 승려 출신의 독립운동가이자 민족시인
한용운

아래는 한국사 발표를 위해 준비한 자료입니다. ㄱ, ㄴ에 들어갈 내용으로 알맞게 짝지어진 것을 고르세요.

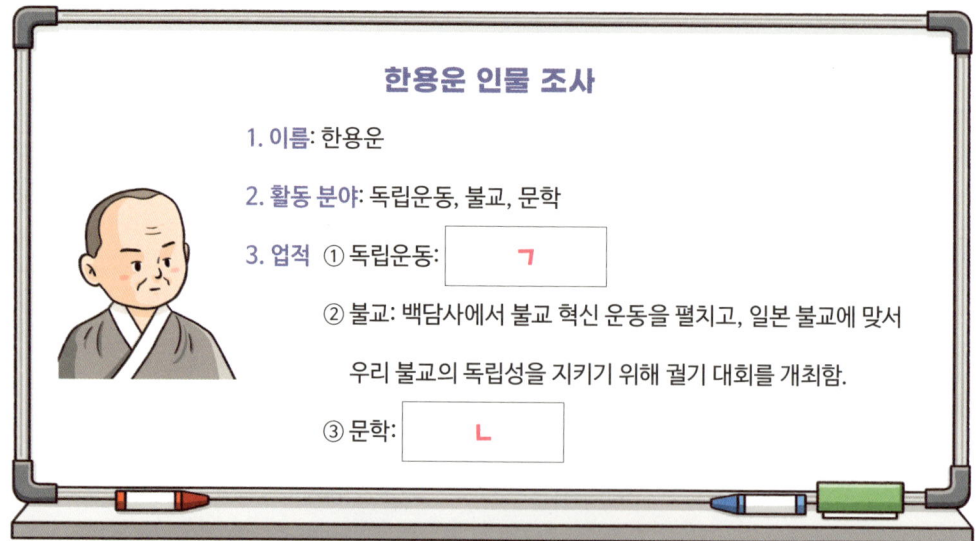

① ㄱ 3·1 운동으로 체포, 수감 중에도 기개를 잃지 않음.
　ㄴ 일본어로 시와 소설을 지어 발표함.

② ㄱ 민족 대표 33인 중 불교계를 대표하여 3·1 독립 선언을 이끌었음.
　ㄴ 시집 「님의 침묵」에서 우리 민족의 독립에 대한 열망을 표현함.

③ ㄱ 3·1 운동으로 체포, 수감 중 일제의 고문에 못 이겨 변절함.
　ㄴ 독립 정신을 담은 시 작품을 남김.

④ ㄱ 일본식 성명을 쓰도록 조선인들을 설득함.
　ㄴ 문학을 통한 저항 운동에 힘씀.

「하루하루 한국을 빛낸 100명의 위인들」의 아흔여섯 번째 위인 '한용운' 편을 참조하세요.　정답 p. 127

아흔일곱 번째 한국사 퀴즈

퀴즈! 보따리 싸 들고 다니며 우리말을 연구하고 가르친 **주시경**

아래는 국어 자료가 든 보따리를 들고 다니며 학생들을 가르치는 주시경의 모습입니다. 주시경의 삶과 업적에 대해 <u>잘못된</u> 감상을 얻은 친구는 누구인가요?

① **선우:** 우리말 우리글이 이렇게 멋진 역사를 가지고 있다니 대단해.

② **하나:** 이렇게 많은 분들의 연구와 노력이 있어서 오늘날 우리가 잘 정리된 말과 글을 배울 수 있게 된 거야.

③ **은우:** 나도 커서 국어 선생님이 될 테야. 미래의 학생들에게 올바른 우리글을 가르치는 사람이 되고 싶어.

④ **다운:** 어차피 한글은 쉽고 편하게 다 아니까 공부할 필요 없지. 외국어만 잘 배워 두면 돼.

「하루하루 한국을 빛낸 100명의 위인들」의 아흔일곱 번째 위인 '**주시경**' 편을 참조하세요.   **정답** p. 127

아흔여덟 번째 한국사 퀴즈

퀴즈! 누구도 따라 할 수 없는 파격적인 시인
이상

오늘은 이상에 대해 마인드맵을 그려 보았습니다. 마인드맵을 완성하기 위해 빈칸에 들어갈 내용으로 알맞지 <u>않은</u> 것을 고르세요.

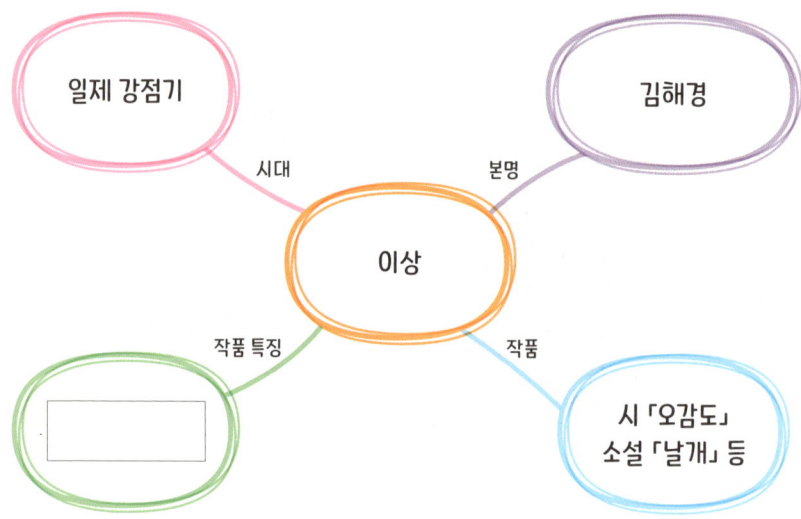

① 독특하고 실험적임.
② 숫자와 수학 기호, 도형이 등장하기도 함.
③ 읽어도 정확히 해석이 안 되는 부분이 많았음.
④ 일본 제국주의를 찬양함.

「하루하루 한국을 빛낸 100명의 위인들」의 아흔여덟 번째 위인 '이상' 편을 참조하세요.   정답 p. 127

아흔아홉 번째 한국사 퀴즈

퀴즈! 시련 속에서도 따뜻한 마음을 그린
천재 화가 **이중섭**

다음은 이중섭과의 가상 인터뷰입니다. ㄱ, ㄴ에 들어갈 내용으로 알맞게 짝지어진 것을 고르세요.

이중섭과의 인터뷰

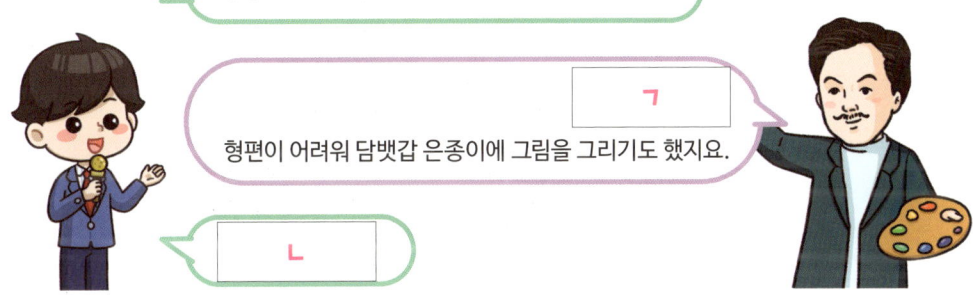

- 6·25 전쟁이 일어나고 생활은 어떠하신지요?
- 전쟁이 났을 땐 종군 화가로 활동했고, 이후 여러 곳을 다니며 그림을 그렸습니다.
- 야마모토 여사와 두 아드님도 잘 지내고 계시나요?
- 형편이 어려워 담뱃갑 은종이에 그림을 그리기도 했지요. ㄱ
- ㄴ

① ㄱ 가세가 기울어 아들 한 놈은 부잣집에 입양을 보내기로 했습니다.
　ㄴ 담뱃값이라도 아끼셨으면 집안 살림에 도움이 되지 않았을까요?

② ㄱ 생활이 어려워져 일본으로 건너갔습니다.
　ㄴ 선생님의 그림에서 시대의 아픔을 느끼는 사람들이 많습니다.

③ ㄱ 일본으로 다같이 이민을 갈 계획입니다.
　ㄴ 비흡연이 대부분이라 담뱃갑 은종이 자체가 생소하군요.

④ ㄱ 그래도 그림이 높은 값에 팔려서 괜찮습니다.
　ㄴ 그림이 높은 값에 팔렸는데 왜 형편이 어려우셨는지 궁금합니다.

「하루하루 한국을 빛낸 100명의 위인들」의 아흔아홉 번째 위인 '이중섭' 편을 참조하세요.

정답 p. 127

백 번째 한국사 퀴즈

퀴즈! 우리나라 최초의 가톨릭 추기경
김수환

아래는 우리나라 최초의 가톨릭 추기경으로 임명된 김수환 추기경입니다. 김수환의 생애와 관련한 설명 중 <u>틀린</u> 것을 고르세요.

① 할아버지와 아버지, 어머니도 가톨릭 신자인 독실한 집안에서 태어났어요.
② 우리나라의 가톨릭대학에서 신학을 전공했어요.
③ 일본에서 사제 서품을 받았어요.
④ 평생을 복음 전파에 바치면서도 현실에서 동떨어지지 않는 사제였어요.

「하루하루 한국을 빛낸 100명의 위인들」의 백 번째 위인 '김수환' 편을 참조하세요.   정답 p. 127

하루하루
한국을 빛낸
100명의 위인들

한국사 퀴즈

정답과 해설

1절 한국사 퀴즈

p. 10
1. ③ 곰에서 사람이 된 웅녀는 환웅의 아내가 되었고, 둘의 아들이 바로 고조선을 세운 **단군**입니다.

p. 11
2. ② **동명왕**은 고구려를 세우고 졸본을 도읍으로 삼았습니다.

p. 12
3. ④ **온조**는 위례성을 쌓아 도읍으로 삼았습니다.

p. 13
4. ① 알에서 태어난 신라의 시조는 **박혁거세**입니다. 당시는 마한, 진한, 변한의 삼한 시대였습니다. 박혁거세의 뜻은 세상을 밝게 다스리라는 의미입니다.

p. 14
5. ② 광개토 대왕릉비에는 **광개토 대왕**의 업적이 새겨져 있습니다.

p. 15
6. ② **이사부** 장군은 나무를 깎아 사자 모양으로 만들어 배에 세워 놓고, 마치 사자를 몰고 온 양 우산국 주민들을 놀래켜 항복을 받아내는 작전을 썼습니다.

p. 16
7. ③ 섣달그믐, **백결** 선생은 마치 방아 찧는 소리와 비슷하게 들리는 거문고 곡을 연주했습니다. 사람들은 이 노래를 '방아 타령'이라 했습니다.

p. 17
8. ④ **근초고왕**이 왜의 왕에게 하사한 칼은 칠지도입니다.

p. 18
9. ③ **계백** 장군은 가족들의 목을 베고 전투에 나섰습니다. 황산벌 전투에서 네 번의 승리를 거두었지만 끝내 전쟁터에서 목숨을 잃었습니다.

p. 19
10. ③ 화랑은 신라의 제도로, 출신 인물로 김유신, **관창**, 김춘추 등이 있습니다. 계백은 백제의 장군입니다.

2절 한국사 퀴즈

p. 22
11. ④ 가야 출신의 **김유신**은 화랑의 지도자로 장수가 되어 활약을 펼쳤고, 삼국 통일에 큰 공을 세웠습니다.

p. 23
12. ② 신라 제30대 **문무왕**은 태종 무열왕의 맏아들로 태어났으며, 경주 바다의 문무 대왕릉이 문무왕의 수중 왕릉입니다.

p. 24
13. ③ 자고 일어나 어젯밤 달게 마셨던 물이 해골물이란 걸 알게 된 **원효**는, 모든 게 마음먹기에 달렸다는 걸 깨달았습니다.

p. 25
14. ② **혜초**의 어린 시절이나 어떻게 스님이 되었는지는 알려져 있지 않습니다.

하루하루 한국을 빛낸 100명의 위인들 · 한국사 퀴즈 · 정답과 해설

p. 26
15 ④ 신라로 돌아온 **장보고**는 청해진을 설치해 해적을 소탕하고, 중계 무역으로 많은 이득을 얻었습니다.

p. 27
16 ② **대조영**은 옛 고구려 땅에 발해라는 나라를 세웠습니다.

p. 28
17 ④ **왕건**은 부하들과 함께 궁예를 몰아내고 고려를 세웠습니다. 후백제를 정복하고, 신라 마지막 경순왕의 항복을 받아 후삼국을 통일했습니다.

p. 29
18 ② **광종**은 고려 내부를 안정시킴과 동시에, 외교에도 힘썼습니다.

p. 30
19 ① 흥화진 전투에서 **강감찬**은 강물을 막았다가 거란군이 들어서면 터뜨리는 작전으로 적을 몰살했습니다.

p. 31
20 ② **서희**는 거란과의 외교 협상에서 강동 6주를 고려로 가져오는 데 성공했습니다.

p. 32
21 ③ 고려의 장군 **양규**는 거란과의 싸움 중, 흥화진에서 포위되기도 했지만 항복하지 않고 끝까지 싸웠습니다. 도망가는 거란군을 쫓으며 포로로 잡힌 고려 백성들을 구하기도 했습니다.

p. 33
22 ④ **정중부**와 무신들은 정변을 일으켰고, 무신들이 권력을 잡아 무단 정치 시대가 이어졌습니다.

p. 34
23 ② **최무선**은 우리나라 최초의 화약과 화포를 만든 발명가이자 장군입니다.

p. 35
24 ③ **배중손**은 삼별초의 정신을 끝까지 고수했으며, 진도를 기지 삼아 저항을 이어 갔습니다.

p. 36
25 ④ 「별주부전」은 우리나라 조선 후기의 판소리계 소설로, **이규보**의 저서가 아닙니다.

p. 37
26 ③ **정지상**은 김부식을 필두로 한 개경 세력과 대립 끝에 패했습니다.

p. 38
27 ④ 고려 시대, 노비로 태어난 **만적**은 신분제의 부당함에 불만을 품고 흥국사에서 난을 일으키고자 했으나 수포로 돌아갔습니다.

p. 39
28 ② **김부식**의 「삼국사기」는 고구려, 백제, 신라 세 나라의 역사를 자세히 다루고 있습니다.

121

p. 40
29 ④ **지눌** 스님은 조계종을 일으킨 고려의 국사입니다. 당나라의 혜능 스님을 마음속 스승으로 삼았던 것으로 알려져 있습니다.

p. 41
30 ② 당나라 유학을 마친 **의천** 스님은 귀국 후 불교의 체계를 잡고 사상과 교리를 정리했으며, 교종을 중심으로 해동 천태종을 창시했습니다.

p. 42
31 ① 왜구들의 해적질 때문에 몸살을 앓던 때에, **이종무**는 대마도를 정벌하고 왜구를 소탕하는 등 큰 활약을 했습니다.

p. 43
32 ④ **정몽주**는 이방원의 부하가 휘두른 철퇴에 맞아 숨을 거두었습니다.

p. 44
33 ③ **문익점**은 원나라에서 본 목화의 씨를 붓대 속에 숨겨 고려에 가져왔습니다.

p. 45
34 ② **최충**이 세운 학당의 이름은 구재 학당입니다.

p. 46
35 ④ **일연** 스님이 집필한 역사책은 「삼국유사」입니다.

3절 한국사 퀴즈

p. 50
36 ② 위화도에서 회군하여 개경으로 돌아와 권력을 잡은 인물은, **최영** 장군과 대립하다 조선을 세운 태조 이성계입니다.

p. 51
37 ③ **황희 정승**은 다툼이 있을 땐 골고루 귀 기울여 공명정대하게 판단했습니다.

p. 52
38 ③ 청백리 **맹사성**은 문신이었습니다.

p. 53
39 ③ 물시계 자격루, 해시계 앙부일구, 별의 위치와 움직임을 관찰하는 혼천의는 **장영실**의 발명품입니다.

p. 54
40 ② 명나라와 친해질 것을 주장했던 **정도전**은 이성계와 뜻을 모아 조선의 기틀을 세웠으나, 신하들의 회의를 중심으로 하자는 주장에 위협을 느낀 이방원에게 목숨을 잃었습니다.

p. 55
41 ④ **김만덕**은 사업가로서의 재능을 발휘해 큰돈을 벌고, 제주에 흉년이 들자 어려운 이들을 위해 자신이 가진 재물을 나누었습니다.

p. 56
42 ② 성리학자 **이율곡**은 신사임당의 아들로, 십만양병설을 주장했습니다.

43 ③ 소수 서원은 **이퇴계**의 건의로 명종 5년(1550)에 임금님께 '소수'라는 이름을 지어 액자를 받았습니다. p. 57

44 ② **신사임당**의 집안은 딸들에게 글공부를 시키고 예술적 재능을 발휘할 수 있도록 지원했습니다. p. 58

45 ③ **곽재우**는 임진왜란이 끝난 후 은거의 삶을 선택해 여생을 보냈습니다. p. 59

46 ② **조헌**과 의병들의 삶을 통해, 우리 민족은 나라가 위태로울 때면 남녀노소 신분을 가리지 않고 외적에 맞서 싸웠음을 알 수 있습니다. p. 60

47 ② **김시민**은 노인들과 여인들까지 모두 남자로 변장시켜 군사가 많아 보이게 하는 등 용의주도한 작전을 짰습니다. p. 61

48 ④ **이순신**은 28세에 무인을 뽑는 과거에 급제하여 여러 관직을 거쳤으나 순탄하지는 않았습니다. p. 62

49 ② 최영 장군은 고려가 원나라와 친해야 한다, 이성계는 명나라와 친해야 한다고 주장했습니다. 왕명을 거부하고 위화도에서 회군하여 개경으로 돌아온 이성계는 새 왕조 조선을 세우고, 제1대 왕 **태조**가 되었습니다. p. 63

50 ① **정종**은 태조와 태종 사이 짧은 기간 동안 조선을 다스렸습니다. 제2차 왕자의 난을 계기로 동생 이방원에게 왕위를 물려준 정종은 이후 유유자적 평화로운 삶을 살았습니다. p. 64

51 ④ **태종** 이방원은 계모 신덕왕후에게서 난 형제들을 죽이고, 형 정종에 이어 임금의 자리에 올랐습니다. 태종이 세운 통치 질서는 아들 세종 대왕의 집권에 큰 도움이 되었습니다. p. 65

52 ④ **세종 대왕**이 창제한 한글이 있어서 우리 민족은 고유의 언어로 소통하고, 높은 수준의 지식과 문화, 예술을 발달시킬 수 있었습니다. p. 66

53 ③ 그림에서 **문종**은 아직 어린 세자 즉, 미래의 단종을 걱정하고 안타까워하고 있습니다. p. 67

123

54 ① 수양 대군은 문종 임금의 동생으로, 문종의 아들인 **단종** 임금과는 숙부와 조카 관계가 됩니다.

p. 68

55 ③ **세조**는 조카의 왕위를 빼앗은 행동에 계속해서 비난을 들어야 했습니다.

p. 69

56 ① 사자성어 '토사구팽'은 필요할 때는 쓰고 필요 없을 때는 야박하게 버리는 경우를 이르는 말로, 단종에 대한 충심을 지킨 **성삼문**과 어울리지 않습니다.

p. 70

57 ④ **박팽년**의 시조 속 까마귀는 세조와 간신들을 비유하며, 시조의 화자는 까마귀를 비판하는 시선으로 바라보고 있습니다.

p. 71

58 ② **이개**의 시조에서는 힘들게 지내던 단종을 걱정하고 그리워하는 충신의 마음을 느낄 수 있습니다.

p. 72

59 ③ 세조의 회유책에도 **하위지**는 독야청청, 원칙에 따라 판단했고 자신의 의견을 꿋꿋하게 말했습니다.

p. 73

60 ② **유성원** 등이 추진했던 단종 복위 계획은 함께 일을 도모한 신하들 중 한 사람이 궁궐에 알리며 발각되고 말았습니다.

p. 74

61 ④ 사자성어 '태연자약'은 어떤 자극이나 상황의 영향에 흔들리지 않는 자세를 가리키는 말로, **유응부**는 세조에게 고문을 당하면서도 태연자약함을 잃지 않았다고 합니다.

p. 75

62 ② **김시습**은 세조를 비난하고 단종을 그리며 여생을 지내다가 세상을 떠났습니다.

p. 76

63 ② 단종이 영월에 유배되자, **원호**는 영월 서쪽에 집을 지어 놓고 아침저녁 멀리서 영월 쪽을 바라보며 눈물을 흘렸습니다. 단종이 죽자 삼년상을 치렀고, 앉거나 누울 때도 단종을 모신 산소 방향인 동쪽을 향했습니다.

p. 77

64 ④ 수양 대군의 권력 찬탈로 소란한 조정을 피해 **이맹전**은 평생을 은둔했습니다. 귀가 안 들린다, 눈이 안 보인다 행세하며 친한 친구조차 만나지 않을 정도였습니다.

p. 78

65 ① 조선의 숙종과 정조 임금 시기, **조려**는 비록 세상을 떠난 후였지만 높은 품계의 벼슬을 받았습니다. 또한, 조려의 고향인 함안의 서산 서원에 위패를 모시고 제사를 지내고 있습니다.

p. 79

하루하루 한국을 빛낸 100명의 위인들 +한국사 퀴즈 정답과 해설

p. 80
66 ③ 사자성어 '안빈낙도'는 **성담수**와 같이 처지에 연연하지 않고, 편안한 마음으로 자신의 도를 즐기는 모습을 가리키는 말입니다.

p. 81
67 ② **남효온**은 금기로 여겨졌던 사육신의 이야기를 「육신전」이라는 책으로 남겼습니다.

p. 82
68 ④ 임진왜란 중의 충신·효자·열녀를 뽑아 편찬한 책에 **논개**의 순국은 실리지 못했습니다.

p. 83
69 ② 임진왜란은 **권율** 장군이 55세 나이일 때 일어났습니다.

4절 한국사 퀴즈

p. 86
70 ① **박지원**은 청나라 사절단 수행원으로 따라가면서 압록강을 건너 북경에 다다르고, 청나라 황제 별궁을 짓던 열하를 지나며 신세계를 느꼈습니다. 조선에 돌아온 박지원은 청나라의 선진적인 모습을 「열하일기」에 자세히 적었습니다.

p. 87
71 ③ **임꺽정**은 탐관오리들의 재물을 훔쳐 가난한 사람들에게 나누어 주었습니다. 조정 권력을 잡으려는 시도를 한 적은 없습니다.

p. 88
72 ② **홍익한**, 윤집, 오달제를 가리켜 척화 삼학사라 부릅니다. 이들은 청나라가 제시한 모욕적인 조건을 거부하고, 청나라 사신들을 죽여야 한다고 주장했습니다.

p. 89
73 ③ **윤집**은 병자호란이 일어나고 몇몇 신하들이 청나라에 화친을 제안하자고 건의하자 반대 입장을 내세웠습니다. 홍익한, 윤집, 오달제를 가리켜 척화 삼학사라 부릅니다.

p. 90
74 ③ 홍익한, 윤집, **오달제** 척화 삼학사는 청나라의 갖은 고문이나 회유에도 뜻을 꺾지 않았습니다.

p. 91
75 ④ **박문수**의 업적이 널리 알려지고 믿음을 얻게 되니, 마치 박문수가 암행도 한 듯이 사람들에게 인식되었습니다.

p. 92
76 ① **한석봉**은 가난한 양반집의 아들이었습니다.

p. 93
77 ③ **김홍도**가 그렸던 풍속화는 일반 사람들의 풍습, 매일 살아가는 모습을 주제로 한 그림을 말합니다.

125

		p. 94
78	②	**김삿갓**은 모르고 한 일이었지만 할아버지를 욕했다는 죄책감에 스스로를 죄인으로 칭하며 방랑길에 올랐습니다.

		p. 95
79	③	**김정호**는 우리나라 방방곡곡의 고을 위치와 땅의 모양들을 집대성하여 과학적인 지도를 만들었습니다. 지도만 만든 것이 아니라 지리지를 펴내는 등, 왕성한 업적을 쌓았습니다.

		p. 96
80	④	**영조** 임금은 붕당 정치를 개혁하고자 탕평책을 펼쳐 조정을 안정시켰습니다. 백성의 억울하고 어려운 사연을 듣고자 신문고를 설치하기도 했습니다.

		p. 97
81	②	**정조** 임금은 영조의 탕평책을 계승해 발전시켰으며, 규장각을 설치하여 인재를 기르고자 노력했습니다.

		p. 98
82	③	**정약용**은 서양 학문과 천주교에 관심을 가졌다는 이유로 유배 생활을 하게 되었습니다. 유배를 마치고 고향에 돌아와서는, 조선을 개혁하고자 하는 뜻을 담아 많은 책을 썼습니다.

		p. 99
83	④	동학 농민군은 후에 정부군과 일본군에게 진압되었고, **전봉준**은 교수형에 처해졌습니다.

		p. 100
84	②	**김대건**이 사제 서품을 받기 전까지 조선인 천주교 신부는 없었습니다. 또한, 당시 천주교는 박해를 피해 비밀스럽게 전파되었습니다.

		p. 101
85	③	**황진이**는 사대부의 첩이 되기보다는 자유분방하게 활동할 수 있는 기녀의 삶을 택했으리라 짐작됩니다.

		p. 102
86	①	조선 시대 기준, **홍경래**의 생각과 행동은 매우 혁신적이고 앞서가는 것이었습니다.

		p. 103
87	④	**윤봉길** 의사는 훙커우 공원에서 체포되었고, 고문 끝에 일제의 총살로 순국했습니다.

		p. 104
88	②	**안중근** 의사는 하얼빈역에서 체포되어 뤼순 감옥에서 형장의 이슬이 되었습니다.

		p. 105
89	③	상하이에서 사제 서품을 받고 우리나라 최초의 천주교 신부가 된 위인은 **김구**가 아닌 김대건입니다.

#5절 한국사 퀴즈

p. 108

90 ③ 주어진 글은 **윤동주**의 「서시」 중 일부입니다.

p. 109

91 ① **지석영**은 종두법을 배운 후 전국적으로 보급하는 데 힘썼습니다.

p. 110

92 ② **손병희**는 민족의 정신을 지키기 위해서 교육 사업이 중요하다고 생각했습니다.

p. 111

93 ② 일제의 명령으로 학교가 문을 닫자, **유관순**은 천안으로 내려가 아우내 장터에서 만세 시위를 벌였습니다.

p. 112

94 ④ 사자성어 '무실역행'은 참되고 실속 있도록 힘써 실행하는 모습을 가리키는 말로, **안창호**가 강조한 정신과 어울립니다.

p. 113

95 ② **방정환**은 어린이들이 재미있게 읽을 수 있는 잡지를 창간하여 직접 동화를 쓰고 편집하며, 외국 동화를 번역해 실었습니다. 외국 동화를 우리나라 어린이들에 맞게 번안하여 수록하기도 했습니다.

p. 114

96 ② **한용운**은 민족 대표 33인 중 불교계를 대표하여 3·1 독립 선언을 이끌었습니다. 시집 「님의 침묵」 에서는 우리 민족의 독립에 대한 열망을 표현했습니다.
우리말을 버리고 일본어로 글을 쓰거나, 일본식 성명을 쓰도록 주장하는 민족 반역 행위를 한 적이 없고, 변절한 친일파 노릇은 더욱 한용운과 관계가 없습니다.

p. 115

97 ④ **주시경**은 우리의 한글을 체계적으로 가르치는 데 전심전력을 기울인 국어학자입니다. 많은 국어학자들의 노력과 연구를 통해 우리는 올바르게 정리된 한글을 배워서 사용할 수 있습니다.

p. 116

98 ④ **이상**의 시는 숫자와 수학 기호, 도형이 등장하는 등 독특하고 실험적이어서, 읽어도 정확히 해석이 안 되는 부분도 많았습니다.

p. 117

99 ② **이중섭**의 아내와 두 아들은 생활이 어려워 일본으로 건너갔습니다. 오늘날 이중섭은 시대의 아픔, 떠도는 생활의 괴로움, 가족을 향한 사랑과 그리움을 화폭에 담아낸 작가로 칭송받고 있습니다.

p. 118

100 ③ **김수환** 추기경은 우리나라에서 신학을 전공하고 사제 서품을 받았습니다.

  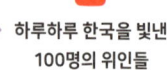

하루하루 한국을 빛낸
100명의 위인들

하루하루
한국을 빛낸 100명의 위인들
✦ 한국사 퀴즈 ✦

초판 1쇄 **발행**	2025년 5월 10일
초판 1쇄 **인쇄**	2025년 5월 1일

지은이	책봄
그림	박윤희
기획	김은경
편집	이지영
디자인	IndigoBlue

발행인	조경아		
총괄	강신갑		
발행처	**랭**귀지**북**스		
주소	서울시 마포구 포은로2나길 31 벨라비스타 208호		
등록번호	101-90-85278	등록일자	2008년 7월 10일
전화	02.406.0047	팩스	02.406.0042
이메일	languagebooks@hanmail.net		

ISBN	979-11-5635-246-4 (73910)
값	13,000원

ⓒLanguagebooks, 2025

이 책은 저작권법에 따라 보호받는 저작물이므로 무단 전재와 무단 복제를 금지하며,
이 책 내용의 전부 또는 일부를 이용하려면 반드시 저작권자와 **랭**귀지**북**스의 서면 동의를 받아야 합니다.
잘못된 책은 구입처에서 바꿔 드립니다.